Inhalt

I. Überblick und Bausteine

II. Dynamik

III. Verbraucherschutz

IV. Abweichungen vom Normalfall

V. Methoden

Prüfschemata * Übersichten

Reihe *leicht gemacht*®

Herausgeber:
Professor Dr. Bernd-Rüdiger Kern

Allgemeiner Teil des BGB

leicht gemacht

verständlich – einprägsam – klausurrelevant

3., überarbeitete Auflage
des Buches AT / BGB

von

Dr. Peter-Helge Hauptmann
Richter am Amtsgericht

Michael C. Schneider
Rechtsanwalt

Ewald v. Kleist Verlag, Berlin

Besuchen Sie uns im Internet:
www.leicht-gemacht.de

Umwelthinweis:
Dieses Buch wurde auf chlorfrei gebleichtem Papier gedruckt

Autoren und Verlag freuen sich über Anregungen
Gestaltung: Michael Haas, www.montalibros.eu; J. Ramminger, Berlin
Druck & Verarbeitung: Druck und Service GmbH, Neubrandenburg
leicht gemacht® ist ein eingetragenes Warenzeichen

ISBN 978-3-87440-327-6

I. Überblick und Bausteine

Lektion 1: Das Sammelsurium BGB/AT

Unser BGB trat nach einem langen Findungsprozess zum historischen Datum 1.1.1900 in Kraft. Seit dem hat es sich zum Fundament unseres Rechtssystems entwickelt. Eigentlich ist unser BGB/AT nur der allgemeine Teil des gesamten BGB. Da sich aber die vielen weiteren Gesetze des Privatrechts auf das BGB beziehen (z.B. HGB), stellt der BGB/AT sozusagen den allgemeinen Teil des gesamten Privatrechts dar. Zudem beziehen sich auch weitere Rechtsgebiete, wie etwa das Strafrecht, hin und wieder auf den BGB/AT (z.B. bei Fristberechnungen oder Zustellungen).

Der Allgemeine Teil des BGB ist das Skelett aller Teilgebiete des Privatrechts. Daran findet sich weiteres, etwa definierte Muskulatur (wie das Aktienrecht) oder weniger konkretes Gewebe (wie das Arbeitsrecht). Aber ohne genaue Kenntnis des Skeletts gibt es gar keine Anatomie.

Der **Allgemeine Teil** des BGB ist der Einstieg ins Bürgerliche Gesetzbuch und zugleich die Grundlage des gesamten Privatrechts.

Für den Aufbau des BGB wurde damals das Klammersystem mit Allgemeinem und Besonderen Teil gewählt. Allgemeines, welches für alles weitere gelten soll, wird vor die Klammer gezogen. Die besonderen Normen folgen dann in weiteren Abschnitten. Das Buch 1 des BGB ist damit der Allgemeine Teil und die Bücher 2 (Schuldrecht) bis 5 (Erbrecht) stellen den Besonderen Teil dar. Auch das Schuldrecht selbst wird dann z.B. wieder nach dem gleichen System in AT und BT unterteilt.

Rundgang

Wir beginnen mit einem Vorab-Informations-Rundgang durch den AT. Jetzt ist es an der Zeit, Ihr Gesetzbuch (oder Net-Ausdruck) des AT neben das Buch zu legen. Die eigenen Blicke ins Gesetz sind für das Verständnis unabdingbar.

- Der AT beginnt mit dem Titel 1 zu den Natürlichen Personen, Verbrauchern und Unternehmen, den §§ 1 bis 14 BGB. Bitte lesen.

- Weiter geht es mit den Vereinen und Stiftungen in den §§ 20 bis 88 BGB. Hier reicht ein Querlesen! Die Begriffe aus dem § 89 BGB sollte man mal gehört haben.

- Bedeutsam wird es jetzt in den §§ 90 bis 103 BGB über Sachen, Tiere, wesentliche Bestandteile, Zubehör, Inventar, Früchte, Nutzungen, Gewinnungskosten und Lasten. Das Durchlesen kann Ihnen hier niemand abnehmen.

Schon jetzt zeigt sich, dass das Klammersystem des BGB auch kleine Nachteile hat. Vor den Klammern, also auch hier im AT, sammeln sich Begriffe und Bestimmungen. Es kann eben nur jenes voran gestellt werden, was sich durch seine allgemeingültige Struktur auch dafür eignet. Es bildet sich so mehr oder weniger ein Sammelsurium. Ein wirkliches Konzept der Teile zueinander fehlt entsprechend.

Aber weiter im Rundgang, jetzt zum Allerwichtigsten:

- Die Rechtsgeschäfte finden sich in den §§ 104 bis 185 BGB. Dieser Drehpunkt regelt alles um Geschäftsfähigkeit, Willenserklärungen, Vertragsschlüsse, Vertretungen, Vollmachten, Einwilligungen und Genehmigungen. Auf Grund der Komplexität der Materie ist wirkliches Durchlesen wenig sinnvoll. Ein intensives Querlesen vermittelt aber einen wichtigen ersten Einblick.

- Der Abschnitt 4 behandelt Fristen und Termine (§ 186 - 193 BGB). Bitte intensiv lesen! Er ist etwas kompliziert, aber aus sich heraus verständlich.

- Spannend im wirklichen Leben ist die Verjährung (§ 194 - 218 BGB). Sie wird dort sinnvollerweise immer zuerst geprüft, denn für den Schuldner ist die Verjährung doch das schönste Ergebnis! In Prüfungen ist die Verjährung hingegen eher total langweilig. Da kein Prüfer eine verjährte Forderung in die Aufgabenstellung schreibt (wäre zu schnell lösbar), sind für Überlegungen am Ende höchstens Zusatzpunkte drin. Daher: Einmal Querlesen!

- Rechtfertigungsgründe (§§ 227 - 231 BGB) sucht man ja eigentlich im Strafrecht, aber auch im Zivilrecht sind Notwehr etc. sinnvoll untergebracht. In der Not sind eben Eingriffe z.B. ins Eigentum anderer erlaubt, die sonst verboten sind. Zudem lesen: § 226 Schikaneverbot; § 904 Aggressivnotstand!

- Der letzte Abschnitt 7 im AT befasst sich nur mit selten vorkommenden Sicherheitsleistungen (§§ 232 - 240 BGB). Hier reicht das Lesen der Überschriften.

Aha, angekommen beim letzten Paragraphen des AT, dem § 240 BGB, denken Sie, jetzt sind wir durch. Aber falsch – die Lehren zum AT befassen sich zudem mit dem Verbraucherschutz. Diese Bestimmungen schränken die fundamentalen Grundsätze des AT deutlich ein. Die AT-Darstellung wäre unvollständig, wenn dieses Gegenspiel nicht eingeschlossen würde.

Der Verbraucherschutz wurde, was auch an den vielen kleinen Buchstaben an den Paragraphen zu erkennen ist (z.B. 305c), erst in jüngeren Zeiten in vielen Schritten in das BGB hineingeflochen Er ist daher in seiner Substanz auch deutlich konkreter und ausformulierter.

- Die Bestimmungen zur Wirksamkeit von Allgemeinen Geschäftsbedingungen finden sich in den §§ 305 - 310 BGB. Die Ausführungen sind unlesbar detailliert, daher muss das Lesen der Überschriften reichen.

- Die Verbraucherschutzbestimmungen über besondere Vertriebsformen (Haustürgeschäfte, Fernabsatzverträge) sind in den §§ 312 - 312g BGB festgeschrieben. Sehr kompliziert, daher bitte nur querlesen.

Das Prinzip von Treu und Glauben (§ 242 BGB) gehört eigentlich auch zu unserem BGB/AT. Dieser Grundsatz aus den Paragrafen des Schuldrechts hat – wie die Regeln des BGB/AT – allgemeine Wirkung und gehört genauso zu den Grundlagen des Privatrechts. Allerdings wird er allgemein in das Schuldrecht-AT sortiert und dort behandelt. Trotzdem lesen!

Also soweit der Rundgang. Jetzt verfügen Sie schon über einen komplexen Überblick über unser Thema! Nun dazu die Übersicht 1, die für Sie alles zusammenfasst.

Übersicht 1: Das Sammelsurium BGB/AT

§§	Begriffe	Bedeutung
1–14	Natürliche Personen, Verbraucher, Unternehmen	***
20–89	Vereine, Stiftungen u.a.	**
90–103	Sachen, Tiere, wesentliche Bestandteile, Zubehör, Inventar, Früchte, Nutzungen, Gewinnungskosten und Lasten	***
104–185	Rechtsgeschäfte: Geschäftsfähigkeit, Willenserklärungen, Vertragsschlüsse, Vertretungen, Vollmachten, Einwilligungen, Genehmigungen	*****
186–193	Fristen und Termine	**
194–218	Verjährung	*Studium ****Praxis
226–231	Rechtfertigungsgründe u.a.	**
232–240;	Sicherheitsleistungen	*
	außerhalb des eigentlichen AT	
305–310	Allgemeine Geschäftsbedingungen	****
312–312g	besondere Vertriebsformen (Haustürgeschäfte Fernabsatzverträge)	****
242	Treu und Glauben	*****(Schuldrecht/AT)

Lektion 2: Natürliche und Juristische Personen

Bevor es richtig losgeht, möchten wir einen Protagonisten vorstellen. Es ist der türkischstämmige Gemüsehändler Özcan, ein deutscher Staatsbürger ohne rechtliche Besonderheiten. Sie werden seinen Aufstieg vom kleinen Gemüsehändler zum erfolgreichen Food-Unternehmer durch alle Eventualitäten des BGB/AT mit verfolgen.

Freuen sie sich auch auf kleine Blicke über den Tellerrand, die den Stoff auflockern und Horizonte erweitern. Folgen Sie den Ausführungen mit ebenso viel Spaß wie Lernerfolg und lassen Sie sich dabei auch zu manchem Augenzwinkern verführen.

Los geht es nun mit dem Aufbau. Sie werden fünf sinnbezogene Abschnitte kennenlernen:

- Abschnitt I. (dieser Abschnitt) beschäftigt sich nach dem nun erfolgten Überblick mit den Bausteinen des Rechts, den Rechtssubjekten und Rechtsobjekten.
- Abschnitt II. erklärt die Dynamik (Bewegungen) des Rechts, also Willenserklärungen, Rechtsgeschäfte, das Abstraktionsprinzip, Abgabe und Zugang von Willenserklärungen sowie Angebot und Annahme.
- Abschnitt III. gehört dem Verbraucherschutz, also dem Haustürgeschäft, dem Fernabsatzrecht und den Allgemeinen Geschäftsbedingungen.
- Abschnitt IV. stellt die Abweichungen vom Normalfall dar: Minderjährigkeit, Nichtigkeit, Willensmängel, Wegfall der Geschäftsgrundlage, Stellvertretung, Verjährung und ähnliches.
- Abschnitt V. führt zu den Methoden des Rechts.

Fall 1

Als Özcans Tante Dilek aus Bochum verstirbt herrscht Trauer. Etwas Spannung bringt dabei ihr aktuelles Testament. Dilek vererbt ihren wertvollen Gebetsteppich dem ungeborenen Kind Özcans schwangerer Ehefrau. Dileks Sohn beansprucht jedoch den Teppich. Wer erbt?

Wann beginnt die Rechtsfähigkeit und wann endet sie? Sie beginnt gem. § 1 BGB mit der Vollendung der Geburt und endet – so die Lehre – mit dem Tode.

Da Özcans Kind noch nicht geboren ist, kann dieses doch gem. § 1 BGB nichts erben? Aber halt! Das Ungeborene (auch Nasciturus, Embryo oder Leibesfrucht) kann schon erben (§ 1923 BGB). Es hat entgegen dem Wortlaut von § 1 BGB schon eine partielle Rechtsfähigkeit. Özcans Nachwuchs wird also auf einem wertvollen Stück beten können.

Fall 2

Unser Özcan pflegt mit seinen Freunden eine wöchentliche Brettspielrunde, bei der auch um Geld und Wertgegenstände gespielt wird. Einer der Mitspieler, der sehr knapp bei Kasse ist, bietet seine Frau als Einsatz an. Die anderen lehnen natürlich ab. Aber was wäre – ein Gedankenspiel – wenn doch nicht und er verliert. Könnte der Gewinner die Herausgabe der Frau verlangen?

Das Recht unterscheidet zwischen Rechtssubjekten und Rechtsobjekten. Rechtssubjekte, auch Personen genannt, sind rechtsfähig, können also Träger von Rechten und Pflichten sein. Als Rechtssubjekte kommen zunächst Menschen in Betracht (natürliche Personen), sodann Körperschaften (juristische Personen) und bestimmte Personenvereinigungen, die das Recht mit Rechtsfähigkeit ausgestattet hat.

Demgegenüber können Rechtsobjekte (z.B. Sachen) nicht Träger von Rechten und Pflichten sein, sondern nur Gegenstand von Rechten und Pflichten. So ist z.B. der Verkäufer verpflichtet, dem Käufer die Sache zu übergeben und ihm das Eigentum an der Sache zu verschaffen (§ 433 I S. 1 BGB). Die verkaufte Sache wird nicht gefragt!

Aus der grundrechtlichen Gewährleistung der Menschenwürde (Art. 1 I GG) folgt, dass der Mensch immer Rechtssubjekt, niemals Rechtsobjekt ist.

Aber nochmals zur Einordnung. Es geht hier nur um die Begriffe und die Sortierung dahinter, nicht um eine weltumgreifende Erkenntnis.

Leitsatz 1

Rechtssubjekte, Rechtsobjekte

Das Recht unterscheidet **Rechtssubjekte** (die Rechte haben) und **Rechtsobjekte** (die Gegenstand von Rechten sind).

- Rechtssubjekte sind **natürliche Personen** (Menschen) und **juristische Personen** (Körperschaften, Stiftungen, Anstalten) sowie Personenvereinigungen (Gesellschaften).
- Rechtsobjekte sind **Gegenstand der Rechte** von Rechtssubjekten. So kann ein Rechtssubjekt Eigentümer einer Sache (Rechtsobjekt!) oder Inhaber einer Forderung (Rechtsobjekt!) oder Inhaber eines Gestaltungsrechts, etwa des Rechts zur Kündigung (Rechtsobjekt!) sein.

Über Rechtssubjekte lernt man im Gesellschaftsrecht mehr, über Rechtsobjekte im Sachenrecht und im Kreditsicherungsrecht.

Die neu gewonnenen Erkenntnisse setzen wir in der Lösung zu Fall 2 um.

Der gedankliche Gewinner aus Fall 2 könnte die Herausgabe der Frau verlangen, wenn insoweit ein Spielvertrag zustande gekommen und die vertragliche Bedingung (Gewinn) eingetreten wäre. Ein wirksamer Spielvertrag dieses Inhalts scheitert aber schon daran, dass die verwettete Frau als Rechtssubjekt – wie erlernt, Stichwort: Menschenwürde – nicht Spieleinsatz sein kann.

An dieser Stelle noch etwas Grundsätzliches. Was ist das Recht überhaupt? Ja, das ist eine fast philosophische Frage. Und hier die fast philosophische Antwort: Das Recht ist eine von verschiedenen Spielregeln unserer Gesellschaft. Die Übersicht 2 blättert diese für Sie auf. Darüber kann man mal nachdenken und Honig saugen!

Übersicht 2: Spielregeln

Das Recht und die anderen Spielregeln

- formelle Regeln
  - **Recht: Regeln des Staates**
  - Technische Regeln: Regeln von Fachverbänden
  - Sportliche Regeln: Regeln von Sportverbänden
- informelle Regeln
  - Sittlichkeit: Regeln der Ethik
  - Sitte: Regeln der Gesellschaft

Fall 3

Am Morgen nach dem Brettspielabend muss der Gemüsehändler Özcan wieder in den Laden. Dabei fällt ihm auf, dass zwischen den Salatblättern eine neue Art von Schädlingen kriecht, die er noch nie gesehen hat. Nach einigen Stunden im Internet und zahlreichen Telefonaten mit Kollegen gelangt er zur Überzeugung, Entdecker einer bisher unbekannten Art von Blattläusen zu sein. Um in der Zukunft praktisches Wissen für den Gemüsehandel schneller weitergeben und empfangen zu können, plant er eine Internet-Homepage zum Gemüsehandel. Die Kosten dafür möchte er aber nicht allein tragen. Was wird sein Anwalt ihm raten?

Menschen (**natürliche Personen**) sind mit manchen Aufgaben allein einfach überfordert. Das Recht gibt ihnen daher die Möglichkeit, sich zusammenzuschließen und Interessen gemeinsam zu verwirklichen. Zu diesem Zweck stellt das Recht verschiedene Organisationsformen zur Verfügung. Ein Grundtyp ist der **Verein** (§§ 21 ff. BGB). Der Verein ist eine Körperschaft und als solche eine **juristische Person**. Streng genommen sind aber nicht alle juristischen Personen auch Körperschaften, denn das Recht kennt auch selbständige Vermögensmassen, sog. Stiftungen (§§ 80 ff. BGB).

Der Vorteil der juristischen Person im Vergleich zu einer natürlichen Person (als Einzelner oder in bloßer Zusammenarbeit mit anderen natürlichen Personen) besteht unter anderem in der Haftungsfrage. Die juristische Person haftet in der Regel nur selbst gegenüber ihren Gläubigern. Dies hat z.B. die angenehme Folge, dass die Mitglieder eines Vereins nicht für die Vereinsschulden einstehen müssen.

Die soeben ausgearbeiteten Grundlagen fließen jetzt in die Lösung zu Fall 2 ein: Der Gemüsehändler Özcan plant eine institutionalisierte Sammlung und Weitergabe von Wissen, das für den Gemüsehandel von Bedeutung ist. Seinem Ziel ist am besten gedient, wenn die Verantwortung hierfür von einem Verein übernommen wird, der dann auch für die Homepage verantwortlich ist. Anfallende Kosten lassen sich durch Mitgliedsbeiträge auf die einzelnen Vereinsmitglieder umlegen.

Einen Überblick über die Rechtssubjekte ermöglicht die Übersicht 3.

Übersicht 3: Rechtssubjekte – Natürliche und juristische Personen

Rechtsubjekte

- **natürliche Personen** (Menschen)
  - volle Rechtsfähigkeit (geborene und noch nicht gestorbene Menschen)
  - partielle Rechtsfähigkeit (Nasciturus)
  - postmortaler Persönlichkeitsschutz (Tote; wahrgenommen durch die Hinterbliebenen)
- **juristische Personen** (Schöpfungen des Rechts)
  - „echte" juristische Personen mit voller Rechtsfähigkeit
    - Körperschaften (AG, GmbH, e.V., KdöR)
    - Stiftungen
    - Anstalten
  - Gesellschaften mit Teilrechtsfähigkeit
    - GbR
    - OHG
    - KG
    - nicht eingetragener Verein

Mehr zu den verschiedenen genannten juristischen Personen finden Sie im Buch „Gesellschaftsrecht - *leicht gemacht*®".

Fall 4

Rechtsanwalt Findig schlägt Özcan vor, einen „Verein der informierten Gemüsehändler" zu gründen. Nachdem Özcan einige Mitstreiter für diesen **Verein** gefunden hat, möchte er wissen, welche Schritte er im Einzelnen gehen muss, damit der „Verein der informierten Gemüsehändler" seine Tätigkeit aufnehmen kann. Welche Auskunft wird ihm sein Rechtsanwalt geben?

Das Gesetz unterscheidet zunächst zwischen eingetragenen und nicht eingetragenen Vereinen. Eingetragene Vereine (§§ 55 ff. BGB) sind **juristische Personen** und daher voll **rechtsfähig**. Auf nicht eingetragene Vereine soll nach dem Willen des Gesetzgebers das Recht der Gesellschaft (§§ 705 ff. BGB) Anwendung finden (§ 54 S. 1 BGB). Darüber hat sich allerdings die Rechtsprechung hinweggesetzt. Sie wendet, wo diese passen, die Vorschriften des Vereinsrechts auch auf den nicht eingetragenen Verein an.

Der Verein erwirbt seine **Rechtsfähigkeit** durch Eintragung in das Vereinsregister des örtlich zuständigen Amtsgerichts (§ 21 BGB). Des Weiteren wird zur Gründung eines Vereins eine sog. Vereinssatzung (§ 25 BGB) benötigt, die der Verein sich selbst gibt und von deren Inhalt jedermann Kenntnis haben darf. Auch sie wird beim Vereinsregister hinterlegt und muss dabei bestimmten Mindestanforderungen (§ 57 BGB) genügen. Oberstes Organ jedes Vereins ist die Mitgliederversammlung (§ 32 I BGB). Da diese in der Regel nur einmal im Jahr zusammen tritt, benötigt jeder Verein auch einen Vorstand (§ 26 I BGB), der den Verein nach außen als sog. **Organ** (gesetzlicher Vertreter) vertritt (§ 26 II BGB).

Und damit kommen wir schon zur **Lösung zu Fall 4**: Rechtsanwalt Findig wird Özcan raten, sich mit seinen künftigen Vereinsfreunden zusammenzusetzen um eine **Satzung** für den Verein auszuarbeiten. Dort sollte Zweck, Name und Sitz des Vereins geregelt, und bestimmt werden, dass der Verein in das Vereinsregister eingetragen werden soll (§ 57 I BGB). Noch in dieser Satzung gebenden Vereinsversammlung müsse dann ein Vorstand gewählt werden, der den Verein anschließend beim **Vereinsregister** zur Eintragung anmeldet. Sodann kann der Verein loslegen.

Leitsatz 2

Verein

Das Recht zur Bildung von Vereinen gründet sich in Art. 9 I des **Grundgesetzes**. Die gesetzlichen Regelungen finden sich in §§ 21 – 79 **BGB**.

Der Verein:

- ist ein auf Dauer angelegter **Zusammenschluss** von natürlichen oder juristischen **Personen**
- trägt einen **Namen**
- kann sich von hierzu bestimmten Mitgliedern **vertreten** lassen
- ist im Rahmen der Satzung **offen** für **Ein-** und **Austritte**.

Mindestvoraussetzung für die Eintragung eines rechtsfähigen Vereins sind eine Anzahl von **sieben** Vereinsmitgliedern (§ 56 BGB) und eine **Satzung**, in der insbesondere die Befugnisse des Vereinsvorstands definiert sind.

Fall 5

Nach der Gründung des „Vereins der informierten Gemüsehändler e.V." geht ein Jahr ins Land. Die Internet-Homepage floriert und hat mittlerweile einen üppigen Umfang. Schon zu Beginn der Vereinstätigkeit ist die Homepage zweigeteilt worden in einen öffentlichen Bereich, der allgemein zugänglich ist, und in einen Mitgliederbereich, der nur mit einem Passwort betreten werden kann. Weil die Altmitglieder sehr viel Arbeit in die Entwicklung ihres Wissensspeichers gesteckt haben, entbrennt nun folgender Streit im Verein: Gemüsehändler Gerstner möchte neues Vereinsmitglied werden; der Vereinsvorstand möchte jedoch das erworbenen Wissen hüten und Gerstner deshalb nicht aufnehmen.

Fall 6

Gemüsehändler Haferer ist bereits Mitglied des Vereins, aber weil ihm vorgeworfen wird, er habe zu wenig zur Datenbank beigetragen, wird kurzerhand sein Passwortzugang gesperrt.

Fall 7

Gemüsehändler Maisner ärgert sich über diese Vorgänge und schreibt dem Vorstand einen bösen Brief, in dem er ihn auf das Übelste beschimpft und sich außerdem weigert, die fälligen Mitgliedschaftsbeiträge zu bezahlen. Daraufhin wird er aus dem Verein ausgeschlossen.

Fall 8

Gemüsehändler Reis ist Gründungsmitglied und deshalb von der Beitragszahlung freigestellt. Die Mitgliederversammlung beschließt jetzt aber, dass auch Gründungsmitglieder in Zukunft den Mitgliedsbeitrag bezahlen müssen. Reis schäumt vor Wut.

Unser Freund, der Gemüsehändler Özcan, ist Präsident des Vereinsgerichts. Wie wird er die Beschwerden der unzufriedenen Kollegen bescheiden, damit seine Entscheidungen einer Nachprüfung durch die staatliche Gerichtsbarkeit standhalten?

Das Vereinsrecht steht auf der Grundlage der Vereinigungsfreiheit des Grundgesetzes (Art. 9 I GG). Die positive Vereinigungsfreiheit schließt ein, einen Verein zu gründen, in ihn einzutreten und unter Beachtung maßgeblicher Fristen auch wieder aus ihm auszutreten. Die negative Vereinigungsfreiheit schließt ein, keinem Verein beitreten zu müssen, sie enthält aus Sicht des Vereins aber auch die Möglichkeit, missliebige Antragsteller nicht in den Verein aufzunehmen und Vereinsmitglieder in begründeten Fällen aus dem Verein auszuschließen.

Eine Mitgliedschaft ist mit Rechten und Pflichten verbunden. Die wichtigste Pflicht ist üblicherweise die Entrichtung von Mitgliedsbeiträgen. Das wichtigste Recht ist demgegenüber die Benutzung der Einrichtungen und die Nutzung der Vorteile des Vereins. Außerdem können Mitglieder mit Sonderrechten ausgestattet sein, die, einmal begründet, ihnen auch durch Beschluss der Mitgliederversammlung nicht ohne weiteres wieder entzogen werden können (§ 35 BGB).

Mit diesem ersten Überblick über das Vereinsrecht sind wir jetzt gerüstet für die Lösung zu Fall 5:

Özcan übt als Präsident des Vereinsgerichts Aufgaben einer privaten Rechtsprechung aus, die von der staatlichen Rechtsprechung im Normalfall anerkannt werden. Gemüsehändler Gerstner möchte nun ebenfalls Vereinsmitglied werden, obwohl der zur Entscheidung über die Aufnahme berufene Vereinsvorstand ihn nicht haben will.

Insoweit kollidieren hier zwei Grundrechte: Die Vereinigungsfreiheit (Art. 9 I GG) des Vereins schützt diesen davor, Mitglieder aufnehmen zu müssen, die er nicht haben will. Andererseits führt in diesem Fall die Berufsfreiheit (Art. 12 GG) dazu, dass es eine sittenwidrige vorsätzliche Schädigung darstellen kann, jemanden nicht in den Verein aufzunehmen, der für seine Berufstätigkeit auf die Mitgliedschaft in dem Verein dringend angewiesen ist. Aus § 826 BGB kann ggf. ein Schadensersatzanspruch dahingehend folgen, dass der Antragsteller wider Willen doch aufzunehmen ist. Vorliegend kommt es darauf an, ob der „Verein der informierten Gemüsehändler e.V." bereits eine so wichtige, monopolartige Stellung hat, dass ein Gemüsehändler ohne Mitgliedschaft nicht mehr vernünftig arbeiten kann (z.B. bei einer gut eingespielten Einkaufsgemeinschaft aller Gemüsehändler). Da hier aber nur ein erleichterter Zugang zu Informationen besteht, die man sich auch anderswo besorgen kann, ist ein solcher Zwang zur Aufnahme neuer Mitglieder zu verneinen. Gerstner bleibt draußen.

Und damit kommen wir zur Lösung zu Fall 6. Gemüsehändler Haferer ist bereits Mitglied. Als Mitglied hat er die durch Gesetz und Satzung festgelegten Mitgliedschaftsrechte. Diese können ihm nicht einseitig entzogen werden. Da alle Mitglieder über ein Passwort verfügen, das ihnen den Zugang zum internen Bereich der Homepage ermöglicht, hat Haferer einen Anspruch auf Gleichbehandlung. Sein Passwort muss entsperrt werden.

Besonders hart trifft ein Vereinsmitglied der Ausschluss aus dem Verein. Dies ist auch Inhalt der Lösung zu Fall 7. Gemüsehändler Maisner wehrt sich gegen seinen Vereinsausschluss. Während das Gesetz ausdrücklich regelt, dass Mitglieder zum Austritt aus dem Verein berechtigt sind (§ 39 I BGB), bleibt der jeweiligen Vereinssatzung eine Regelung über den Ausschluss von Mitgliedern überlassen (§ 58 BGB: Kein Muss- oder Sollinhalt der Satzung). Eine einmalige verbale Entgleisung wird in der Regel einen Vereinsausschluss nicht tragen. Dagegen ist in den meisten Vereinssatzungen geregelt, dass ausgeschlossen werden kann, wer auf eine zweite Mahnung zur Zahlung des Mitgliedsbeitrages diesen nicht leistet. Eine solche Regelung ist rechtmäßig. Ist der zahlungsunwillige Maisner also zweimal gemahnt worden, so kann er sich jetzt nicht mehr mit Erfolg gegen den Ausschluss aus dem Verein wehren.

Manchmal und so auch im folgenden Fall 8 kommt die Lösung eines Falles direkt aus dem Gesetz. Hinsichtlich des Gemüsehändlers Reis heißt es in § 35 BGB: Sonderrechte eines Mitglieds können nicht ohne dessen Zustimmung durch Beschluss der Mitgliederversammlung beeinträchtigt werden. Ist Reis in der Vergangenheit also einmal beitragsfrei gestellt worden, so lässt sich dieses Sonderrecht in der Gegenwart nicht mehr beseitigen.

An dieser Stelle passt eine Vorstellung der Begriffe Objektives Recht und Subjektives Recht.

Die Rechtsordnung, also unsere Rechtsnormen, stellen das objektive Recht dar. Sie legt den Rechtsunterworfenen regelmäßig Pflichten auf. Sonderrechte, wie im vorliegenden Fall die des Gemüsehändlers Reis, sind subjektive Rechte. Also, wenn Einzelne die Erfüllung von einem Verpflichteten oder allen verlangen können, dann spricht man von subjektiven Rechten.

Beide Begriffe stehen entsprechend nicht gegeneinander. Das objektive Recht, die Gesamtrechtsordnung, garantiert gerade die subjektiven Rechte im Einzelfall.

Übersicht 4: Objektives und subjektives Recht

Objektives und subjektives Recht

- objektives Recht: Rechtsnormen
- subjektives Recht: einzelne Rechte
  - absolute Rechte (gegenüber jedermann; z.B. Eigentum)
  - relative Rechte (gegenüber Schuldner, z.B. Anspruch)

Aus dem objektiven Recht, der **Gesamtrechtsordnung**, entspringen die subjektiven Rechte im **Einzelfall**.

Nach diesen einfachen Fällen jetzt zu etwas schwierigeren. Hier findet sich die Lösung zwar auch im Vereinsrecht des BGB/AT. Die Lösungen führen jedoch weiter und Blicken auch schon voraus. Das ist übrigens typisch für den Allgemeinen Teil. Da auf Grund der Klammertechnik nur Allgemeingültiges nach vorn gezogen wurde, ergeben sich wirklich zweckmäßige Fälle nur im Wechselspiel mit den weiteren Büchern des BGB.

Fall 9

Der Gemüsehändler Özcan ist durch den von ihm gegründeten „Verein der informierten Gemüsehändler e.V." zu bundesweiter Prominenz avanciert. Parallel zur Bundesgartenschau veranstaltet der Verein eine Bundesgemüsehandelsschau. Dort gibt es die größten Kürbisse, die längsten Gurken und die saftigsten Tomaten und außerdem einen Zierteich, in den ein kleines Kind fällt und sich an den Steinen verletzt. Ist der Verein zu Schadensersatz gegenüber dem Kind verpflichtet?

Fall 10

Zudem hält Özcan eine Rede, in der er behauptet, der konkurrierende „Verein der fortschrittlichen Gemüsehändler e.V." sei dem biologischen Landbau weniger verpflichtet als sein eigener Verein, was, wie er weiß, nicht stimmt. Ist der Verein verpflichtet, ggf. die Abmahnkosten des Rechtsanwalts des „Vereins der fortschrittlichen Gemüsehändler e.V." zu ersetzen?

Fall 11

Auf einem Messestand wird ein Callcenter eingerichtet, das Leitfäden des biologischen Gartenbaus vertreibt. Die Hausfrau Franziska, welche die Messe mit Begeisterung vom Sofa aus im Fernsehen verfolgt hat, bestellt telefonisch einen Leitfaden, überlegt es sich jedoch eine Woche später anders und sendet ihn zurück. Bekommt die Hausfrau Franziska das Geld, das sie für den Leitfaden bezahlt hat, zurück?

Grundlagen: Wer vorsätzlich oder fahrlässig das Leben, den Körper, die Gesundheit, die Freiheit, das Eigentum oder ein sonstiges absolutes Recht eines anderen rechtswidrig verletzt, ist dem anderen zum Ersatz des daraus entstehenden Schadens verpflichtet (§ 823 I BGB).

Bei Vereinen und anderen juristischen Personen stellt sich die Frage, wessen Verhalten sich als Verhalten des Vereins darstellt, also für welches Verhalten von welchen Personen der Verein haftet. Diese Frage beantwortet § 31 BGB, indem er regelt, dass der Verein für Schäden verantwortlich ist, die der Vorstand, ein Mitglied des Vorstandes oder ein anderer verfassungsmäßig berufener Vertreter durch eine in Ausführung der ihm zustehenden Verrichtungen (Zuständigkeit) begangene Handlung einem anderen zufügt.

Dieser Grundsatz gilt – dies nur zur weiteren Information – nach § 89 I BGB auch für den Fiskus sowie Körperschaften, Stiftungen und Anstalten des öffentlichen Rechts. Die h.M. hat ihn sogar auf alle juristischen Personen (z.B. GmbH) erweitertet und wendet ihn entsprechend auf OHG und KG an. Er ist praktisch eine Generalnorm geworden.

Leitsatz 3

Haftung des Vereins/Generalnorm

- Der Verein haftet gem. § 31 BGB für Schadenshandlungen
  - vom **Vorstand**
  - von einem **Mitglied** des **Vorstands**
  - von einem anderen **verfassungsmäßigen** berufenen **Organ** (z.B. Vorsitzender eines Unterbezirks)

  wenn diese in **Ausführung** der zustehenden Verrichtungen begangen wurden.
- Diese **Haftungszurechnung** wird inzwischen von der h.M. und z.T. gesetzlich auf alle juristischen Personen und viele weitere Rechtsformen angewendet. Der einfache § 31 BGB aus dem Vereinsrecht hat sich damit zu einer Generalnorm der Zurechnung im Haftungsrecht entwickelt.

Während § 823 I BGB mit dem „Leben" u.ä. vor allem handfeste Rechtspositionen ausdrücklich nennt, gibt es daneben auch andere, sozusagen „körperlose" Rechte: § 12 BGB nennt ausdrücklich das Namensrecht. Aus Art. 2 I i.V.m. Art. 1 I S. 1 GG hat die Rechtsprechung außerdem das sog. „allgemeine Persönlichkeitsrecht" entwickelt, das den Inhaber des Rechts gegen Persönlichkeitsbeeinträchtigungen aller Art schützt. Person zu sein bedeutet daher nicht nur, Träger von Rechten und Pflichten zu sein, sondern auch, ein Recht an sich selbst (Persönlichkeitsrecht) zu haben.

Neben der Unterscheidung zwischen natürlichen und juristischen Personen hat das BGB in Umsetzung von Vorgaben der Europäischen Union die Unterscheidung zwischen Verbraucher (§ 13 BGB) und Unternehmer (§ 14 BGB) eingeführt, die mit der ersten Unterscheidung nichts zu tun hat und mit ihr keinesfalls verwechselt werden darf. Verbraucher ist jede natürliche Person, die ein Geschäft zu privaten Zwecken abschließt. Unternehmer ist jede Person (oder Gesellschaft), die ein Geschäft zu gewerblichen oder freiberuflichen Zwecken abschließt. Diese Unterscheidung hat beispielsweise Bedeutung für das Verbraucherrecht der §§ 312 ff. BGB, da der Verbraucher im Gegensatz zum Unternehmer bei Haustürgeschäften und Fernabsatzverträgen ein Widerrufsrecht hat. Dazu mehr dann in der Lektion 8.

Die Haftung einer juristischen Person porträtiert auch die Lösung zu Fall 9. Das Kind kann, vertreten durch seine Eltern (§ 1629 I S. 1 BGB), gegen den Verein einen Schadensersatzanspruch nach § 823 I BGB (Verletzung des Körpers und der Gesundheit) haben. Das Kind wäre nicht in den Zierteich gefallen und hätte sich infolge dessen auch nicht verletzt, wenn der Zierteich ausreichend gesichert oder bewacht gewesen wäre. Dies sicherzustellen, wäre gerade die Aufgabe des Vereinsvorstands gewesen. Infolge dessen liegt in der unterlassenen „Verkehrssicherung" eine fahrlässige Körperverletzung des Kindes. Diese ist auch rechtswidrig, da keine Rechtfertigungsgründe eingreifen, und sie ist schuldhaft, nämlich fahrlässig, da Herr Özcan und die anderen Mitglieder des Vorstandes bei der Planung der Messe die im Verkehr erforderliche Sorgfalt außer Acht gelassen haben (§ 276 II BGB).

Allerdings begehrt das Kind hier ja Schadensersatz vom Verein und nicht von seinen einzelnen Vorstandsmitgliedern. Insoweit schlägt § 31 BGB die Brücke von der Haftung des Vorstandes zur Haftung des Vereins für seinen Vorstand. Demnach muss der Verein hier dem Kind Schadensersatz bezahlen. Reicht das Vereinsvermögen hierzu nicht aus, so ist das Insolvenzverfahren über das Vermögen des Vereins zu eröffnen (§§ 42, 75 BGB); die Vereinsmitglieder, die selbst nichts falsch gemacht haben, haften nicht.

Die Haftung für eine Verletzung des allgemeinen Persönlichkeitsrechts vertieft die Lösung zu Fall 10. Für die Ersatzfähigkeit der Abmahnkosten könnten Spezialgesetze maßgeblich sein, vor allem das Gesetz gegen den unlauteren Wettbewerb (UWG). Allerdings handelt es sich vorliegend bei den beiden Vereinen nicht um wirtschaftliche Vereine (§ 22 BGB), sondern um nicht wirtschaftliche Vereine (§ 21 BGB), so dass keiner der beiden Vereine eine „Wettbewerbshandlung" (§ 2 I Nr. 1 UWG) begeht. Daher kann der Fall mit dem BGB gelöst werden.

Für die Zurechnung einer möglichen Verletzung durch den Vorstand zum Verein gilt wieder § 31 BGB. Vorliegend kommt es also darauf an, ob ein sonstiges Recht im Sinne des § 823 I S. 1 BGB durch die Rede des Vorstandes Özcan verletzt worden ist. Zur Reichweite des **allgemeinen Persönlichkeitsrechts** aus Art. 2 I i.V.m. Art. 1 I 1 GG gehört auch das Recht darauf, in der Öffentlichkeit nicht Opfer unzutreffender Berichterstattung oder unwahrer Darstellungen zu werden. Da die Behauptung von Özcan sowohl ehrverletzend als auch sachlich unzutreffend war, kann der konkurrierende Verein nach § 1004 I BGB entsprechend Unterlassung der Behauptung verlangen und nach § 823 I S. 1 BGB Schadensersatz fordern. Dazu gehören auch die angefallenen Abmahnkosten, auch wenn dies im BGB nicht ausdrücklich geregelt ist. Demnach muss der Verein die Abmahnkosten ersetzen.

Das Verhältnis von **Unternehmer** und **Verbraucher** thematisiert die nachfolgende **Lösung zu Fall 11**:

Für den Rückzahlungsanspruch von Franziska kommt es darauf an, ob ihr ein **Widerrufsrecht** nach § 312 d I BGB zusteht. Da der Leitfaden über ein Callcenter vertrieben worden ist, handelt es sich um einen **Fernabsatzvertrag** im Sinne des § 312 b I BGB. Franziska hat auch als **Verbraucherin** (§ 13 BGB), nämlich privat, gekauft. Fraglich ist insoweit, ob der Verein hier als **Unternehmer**, nämlich in Ausübung seiner gewerblichen Tätigkeit, gehandelt hat. Zwar ist bei einem nicht wirtschaftlichen Verein die Gewerblichkeit die Ausnahme (§ 21 BGB), da er sonst die Eigenschaft verliert, nichtwirtschaftlich („Idealverein") zu sein. Die Einrichtung eines Callcenters zum massenweisen Vertrieb eines Buches begründet hier aber die Gewerblichkeit, so dass der Verein als Unternehmer gehandelt hat. Franziska hat ein Widerrufsrecht nach § 312 d I BGB, das sie auch fristgerecht ausgeübt hat. Demnach sind nach §§ 357 I S. 1, 346 I BGB die wechselseitig empfangenen Leistungen zurück zu gewähren. Das Buch hat Franziska zurückgeschickt. Jetzt kann sie vom Verein das für das Buch bezahlte Geld zurückfordern.

Lektion 3: Sachen und Forderungen

Fall 12

Wieder ist es Freitagabend, und wieder sitzt der Gemüsehändler Özcan mit seinen Freunden beim Brettspiel. Diese Gelegenheit eignet sich äußerst gut dazu, miteinander zu plaudern und Geschäfte zu machen. Der befreundete Metzger Messer hat ein Regal, mit dem er nichts anfangen kann, weil es den maßgeblichen Hygienebestimmungen nicht genügt. Özcan möchte das Regal für Kartoffeln nutzen und einigt sich mit Messer auf einen Preis von 100 €. Wem gehört das Regal?

Fall 13

Bauer Blümchen, der ebenfalls zur Brettspielrunde gehört, hat zu Hause einen betagten Schäferhund. Er erzählt, dass er ihn ohne Gegenleistung abgeben möchte. Özcan, der den alten Bello sehr mag, einigt sich mit Blümchen dahingehend, dass Bello in Zukunft Özcan gehören soll. Wer ist – rechtlich gesehen – nun das Herrchen von Bello?

Fall 14

Außerdem hat Özcan dem Mitspieler Röhr, einem Autohändler, vor zwei Wochen mit 1.000 € ausgeholfen, die dieser jedoch nicht zurückzahlen kann. Röhr einigt sich deswegen mit Özcan darüber, dass Özcan von dem Sportwagenfahrer Paolo, dem Röhr für 1.000 € einen goldenen Auspuff in dessen Porsche eingesetzt hat, die 1.000 € einziehen soll. Kann Özcan von Paolo diesen Betrag verlangen?

In der vorangehenden Lektion ging es um die Träger von Rechten und Pflichten, die Rechtssubjekte. Hier geht es um Gegenstände, auf die sich die Rechte und Pflichten beziehen, um Rechtsobjekte. Rechtsobjekte sind zum einen körperliche Gegenstände, die das Gesetz Sachen nennt (§ 90 BGB). Aber Achtung, im AT findet sich zwar nur ein Paragraph, jedoch widmet das BGB den Sachen auch noch ein ganzes eigenes Buch (Buch 4: Sachenrecht, §§ 854 bis § 1296 BGB).

Außer den Sachen kennt das BGB noch andere Rechtsobjekte, nämlich Forderungen (so auch die amtliche Überschrift vor § 398 BGB) und andere Rechte.

- Forderungen sind schuldrechtliche Ansprüche, mit denen ein Rechtssubjekt von einem anderen Rechtssubjekt etwas verlangen kann. Forderungen selbst sind zwar – wie Sachen – Rechtsobjekte, werden aber nach anderen Regeln übertragen.

- Sog. **andere Rechte** sind in diesem Zusammenhang etwa Patente oder Urheberrechte.

Von Sachen als Rechtsobjekten handelt die **Lösung zu Fall 12.** Das Regal von Metzger Messer ist ein körperlicher Gegenstand, also eine Sache (§ 90 BGB). Messer ist der **Eigentümer** des Regals, kann mit diesem also nach Belieben verfahren und jeden anderen von der Einwirkung auf das Regal ausschließen. Nun hat sich Messer mit Özcan dahingehend geeinigt, dass das Regal für 100 € an Özcan übergehen soll (**Kaufvertrag**, § 433 BGB). Das Eigentum an dem Regal ändert sich durch diese Vereinbarung noch nicht. Messer ist nur verpflichtet, das Regal an Özcan zu übereignen (Sachenrecht: § 929 BGB). Bis das geschieht, besteht ein Anspruch des Özcan gegen Messer auf Übereignung des Regals (Schuldrecht: § 433 I BGB). Noch gehört das Regal dem Messer. Wir werden auf diese Trennung von Schuldrecht und Sachenrecht in unserer Lektion 5 über Verpflichtungen und Verfügungen zurückkommen.

Von Tieren, die keine Sachen sind, aber trotzdem so behandelt werden, handelt die **Lösung** zu unserem **Fall 13**:

Auch Bello ist ein körperlicher Gegenstand und damit auf den ersten Blick eine Sache. § 90a BGB regelt jedoch: „Tiere sind keine Sachen. [...] Auf sie sind die für Sachen geltenden Vorschriften entsprechend anzuwenden [...]" Es handelt sich um die wohl überflüssigste Vorschrift des BGB, die ein tierlieber Bundesjustizminister verschuldet hat. Auch Bello ist zunächst noch Eigentum des Blümchen. Auch hier könnte Özcan eine Forderung haben, die sich auf Übereignung des Hundes richtet. Da Blümchen von Özcan jedoch kein Entgelt fordert, handelt es sich um eine Schenkung, die unwirksam ist, weil es an der notariellen Beurkundung des Schenkungsversprechens fehlt (§ 518 I S. 1 BGB). Die **Formvorschrift** des § 518 BGB dient jedoch vor allem dem Übereilungsschutz: Wer anderen etwas ohne Entgelt verspricht, soll daran nicht so ohne Weiteres gebunden sein. Eine Bindung entsteht allerding auch ohne Notar, wenn das Geschenk tatsächlich gemacht worden ist (§ 518 II BGB). Sie hatten sich ja auch schon gewundert, Weihnachtsgeschenke nur mit Notar? Hier ist die Schenkung also unwirksam, solange Blümchen dem Özcan Bello nicht durch Einigung und Übergabe gem. § 929 BGB übereignet hat. Bis dahin ist also Blümchen weiter Bellos Herrchen.

Wir erinnern uns noch einmal kurz daran, dass nicht nur (körperliche) Sachen, sondern auch (unkörperliche) Forderungen Rechtsobjekte sind, und kommen damit zur Lösung zu Fall 14:

Röhr hat Paolos Porsche einen goldenen Auspuff verpasst. Da ein Erfolg geschuldet ist (Sonderanfertigung und funktionsfähiger Einbau), liegt ein Werkvertrag nach § 631 I BGB vor. Röhr hat mit dem Einbau des Auspuffs das versprochene Werk hergestellt. Paolo schuldet noch die vereinbarte Vergütung. Der Anspruch auf Vergütung ist ein eigenständiges Rechtsobjekt. Er entsteht mit der Einigung zwischen Röhr und Paolo über den Abschluss eines Werkvertrages.

Der Anspruch geht erst unter, wenn Paolo an Röhr bezahlt (Leistung, § 362 BGB), mit einer Gegenforderung aufrechnet (Aufrechnung, § 387 BGB), oder Röhr dem Paolo seine Schuld erlässt (Erlass, § 397 I BGB). Vorliegend kommt die Besonderheit hinzu, dass Röhr dem Özcan seinerseits etwas schuldet, nämlich Rückzahlung aus einem Darlehen über 1.000 €, das Özcan dem Paolo gewährt hat (§ 488 I S. 2 BGB: Rückzahlungsanspruch beim Darlehen). Es ist nicht anzunehmen, dass Özcan dem Röhr die Schuld erlassen wollte, auch ist nicht anzunehmen, dass Özcan seine Forderung gegen Röhr mit der Forderung des Röhr gegen Paolo einfach „tauschen“ wollte, denn Özcan kann die Bonität des Paolo nicht einschätzen, so dass er seine eigene Forderung gegen Röhr behalten will, bis Paolo tatsächlich bezahlt hat.

Röhr hat jedoch seine Forderung gegen Paolo dem Özcan übertragen. Während zur Übereignung von Bello dessen körperliche Übergabe erforderlich ist (§ 929 BGB), genügt zur Übertragung der Forderung des Röhr gegen Paolo auf Özcan ein Vertrag zwischen beiden, also die bloße Absprache, dass jetzt Özcan Gläubiger von Paolo sein soll und nicht mehr Röhr (Abtretung, § 398 BGB). Demnach kann jetzt Özcan von Paolo die Zahlung von 1.000 € verlangen, obwohl die beiden keinen Vertrag miteinander geschlossen haben und sich vielleicht noch nie zuvor begegnet sind.

II. Dynamik

Lektion 4: Willenserklärungen und Rechtsgeschäfte

Fall 15

Es ist Montagmorgen und unser Gemüsehändler Özcan steht hinter der Ladentheke. Zuerst kommt die Rentnerin Suzette in den Laden und möchte Sauerkraut kaufen. Özcan erinnert sich aber daran, dass Suzette einmal gegenüber ihrer Freundin Clothilde vor dem Laden geäußert hat, dass der Salat von Özcan immer ziemlich welk sei. Jetzt weigert sich Özcan, an Suzette etwas zu verkaufen. Kann Suzette von Özcan verlangen, dass er Sauerkraut an sie verkauft?

Fall 16

Wenig später betritt der Student Ferdi das Ladenlokal, beide Ohren mit den Ohrstöpseln seines i-Pod verstopft. Ferdi legt zwei Cherimoya (auch Zucker- oder Rahmapfel) aus dem Regal auf die Ladentheke und das nach dem Preisschild abgezählte Geld daneben. Özcan nickt ihm freundlich zu und Ferdinand verlässt mit seinen Cherimoya den Laden. Ist zwischen Ferdi und Özcan überhaupt ein Vertrag zustande gekommen, obwohl keiner von beiden etwas gesagt hat?

Fall 17

Nachdem der Stapel mit den Cherimoya etwas ins Wanken gekommen ist, beauftragt Özcan seinen Auszubildenden Hidir die Früchte neu aufzuschichten. Der Azubi hat jedoch keine Lust. Der Stapel fällt um und etliche Früchte zerplatzen. Özcan packt die Wut. Er erklärt Hidir, dass er sich überhaupt nicht mehr bei ihm blicken lassen brauche, und gibt ihm das auch schriftlich. Kann Özcan seinen Azubi so einfach wegschicken, obwohl dieser doch gar nicht zugestimmt hat?

Die Rechtsordnung des Grundgesetzes ist im Geiste des Liberalismus an der Freiheit des Einzelnen orientiert. Der Einzelne kann grundsätzlich tun und lassen, was er will (Allgemeine Handlungsfreiheit, Art. 2 I GG). Dem entspricht im Zivilrecht der Grundsatz der Vertragsfreiheit. Hierzu gleich ein Leitsatz:

Leitsatz 4

Vertragsfreiheit

Der Grundsatz der Vertragsfreiheit zerfällt in drei Teile:

- **Abschlussfreiheit**: ich kann mir aussuchen, ob ich überhaupt und mit wem ich einen Vertrag schließen will
- **Inhaltsfreiheit**: ich kann mir aussuchen, mit welchem Inhalt und zu welchen Konditionen ich einen Vertrag abschließen möchte
- **Formfreiheit**: ich kann, soweit nicht im Einzelfall ein gesetzlicher Formzwang besteht, Verträge auch formfrei, insbesondere also mündlich abschließen

Diese Erscheinungsformen der Vertragsfreiheit bilden die vom Grundgesetz vorausgesetzte Vertragsautonomie ab. Der maßgebliche Wille der Beteiligten wird in einer Erklärung abgebildet, welche diesen Willen für die anderen Beteiligten verbindlich zum Ausdruck bringt.

Diese Erklärung des Willens nennt man Willenserklärung.

Leitsatz 5

Willenserklärung

Eine **Willenserklärung** ist die Äußerung eines Rechtsfolgewillens, also die Kundgabe (Erklärung) des Willens einer Person, die einen Rechtserfolg beabsichtigt.

Willenserklärungen können Rechtsfolgen unmittelbar herbeiführen, das heißt, durch die Erklärung werden Rechtslagen unmittelbar geändert. Eine solche Änderung der Rechtslage durch Willenserklärung(en) nennt man Rechtsgeschäft. Nicht jedes Rechtsgeschäft bedarf der Zustimmung mehrerer Beteiligter. Das Gesetz kennt ausdrücklich auch einseitige Rechtsgeschäfte. Das vielleicht wichtigste einseitige Rechtsgeschäft ist die Beendigung eines Dauerschuldverhältnisses durch Kündigung, beispielsweise beim Mietvertrag nach § 568 I BGB oder beim Arbeitsverhältnis nach § 620 II BGB.

Zweiseitige Rechtsgeschäfte, die nur zustande kommen, wenn beide Seiten korrespondierende Willenserklärungen abgeben, sind die im BGB geregelten Austauschverträge, so beispielsweise der Kauf in §§ 433 ff. BGB, der Mietvertrag in §§ 535 ff. BGB und der Dienstvertrag in §§ 611 ff. BGB (zu dem das ganze Arbeitsrecht gehört).

Außerdem sind auch mehrseitige Rechtsgeschäfte existent, bei denen mehr als zwei Parteien übereinstimmende Willenserklärungen abgeben müssen. Das ist etwa der Fall bei einer Vertragsübernahme, bei der ein Vertragspartner mit Zustimmung des anderen Vertragspartners durch einen Dritten ausgetauscht wird, aber auch bei Gesellschaftsverträgen und Vereinssatzungen, bei denen regelmäßig eine Anzahl von Personen miteinander ein Rechtsgeschäft abschließt.

Leitsatz 6

Rechtsgeschäfte

Rechtssubjekte und Rechtsobjekte würden zur Beschreibung des Rechts nur ausreichen, wenn es statisch wäre. Es ist aber dynamisch. Die **Bewegungen** zwischen den **Rechtssubjekten** und **Rechtsobjekten** bezeichnet man als Rechtsgeschäfte, so etwa die Begründung einer Forderung durch einen Vertrag oder die Beendigung eines Vertrages durch Kündigung.

Das **Werkzeug**, um Rechtsgeschäfte zu bewirken, ist die **Willenserklärung**. Ein Rechtssubjekt will etwas (innerer Tatbestand der Willenserklärung) und erklärt es (äußerer Tatbestand der Willenserklärung).

Beispiele:

- **einseitige Rechtsgeschäfte** → Kündigung
- **zweiseitige Rechtsgeschäfte** → Kauf
- **mehrseitige Rechtsgeschäfte** → Vertragsübernahme

Weil die Rechtsordnung nur funktionieren kann, wenn nicht der innere Wille der beteiligten Personen maßgeblich ist, sondern die geäußerte Erklärung, bestimmt das Gesetz in § 116 BGB ausdrücklich, dass ein geheimer Vorbehalt einer Willenserklärung nicht ihre Wirksamkeit nimmt. Man kann sich also darauf verlassen: „Ein Mann, ein Wort".

Anderes gilt, wenn eine Willenserklärung, die einem anderen gegenüber abzugeben ist, mit dessen Einverständnis nur zum Schein abgegeben wird, diese ist dann nichtig (§ 117 I BGB). Wenn also beispielsweise ein Arbeitgeber und ein Arbeitnehmer einen Arbeitsvertrag nur deshalb schließen, um mit dem Arbeitsvertrag eine Bank bei der Kreditvergabe zu täuschen, ein Arbeitsverhältnis aber gar nicht gewollt ist, so mag dieses Vorgehen strafrechtlich den Tatbestand des Betruges (§ 263 I StGB) erfüllen, ein Arbeitsvertrag kommt durch ein solches Scheingeschäft jedoch nicht zustande.

Gefährlich ist die Vorschrift des § 118 BGB, denn sie bestimmt, dass eine nicht ernst gemeinte Willenserklärung, die in Erwartung abgegeben wird, der Mangel der Ernstlichkeit werde nicht verkannt werden, nichtig ist, mit anderen Worten: Wer zum Scherz erklärt, er wolle den Frankfurter Flughafen kaufen, geht dadurch keine rechtliche Verbindlichkeit ein („Scherzgeschäft").

Da es also auf den Willen hinter der Willenserklärung ankommt, spalten die Profis die subjektive Willenserklärung wie folgt auf:

- Handlungswille → der Wille, zu handeln
- potentielles Erklärungsbewusstsein → die Möglichkeit zu erkennen, dass man etwas rechtlich Erhebliches äußert
- (nicht) Geschäftswille → der Wille, ein konkretes Geschäft vorzunehmen (nur für die Möglichkeit der Anfechtung bedeutsam; eine Willenserklärung liegt ohnehin vor)

Leitsatz 7

Geheimer Vorbehalt, Scheingeschäft, Scherzgeschäft

§§	Erklärung	Stichwort	Wirksamkeit
§ 116 BGB	Willenserklärung, die nicht dem inneren Willen entspricht	**Geheimer Vorbehalt**	ja
§ 117 I BGB	Willenserklärung, mit Einverständnis des Gegenüber nur zum Schein	**Scheingeschäft**	nein
§ 118 BGB	Willenserklärung mit Mangel der Ernstlichkeit	**Scherzgeschäft**	nein

Soweit die §§ 116 – 118 BGB. Spannend ist es bei den Willenserklärungen auch, wie es mit den § 119 ff. BGB weitergeht: **Irrtum**, **Drohung**, **Täuschung**. Bitte schon mal vorab lesen. Konkret wird es dann in Lektion 12: Wille und Erklärung.

Nach den umfassenden Ausführungen jetzt aber zur Lösung der offenen Fälle.

Normalerweise gibt man Willenserklärungen freiwillig ab und wird freiwillig Partner eines Rechtsgeschäfts. Dass das nicht immer so sein muss, zeigt die Lösung zu Fall 15:

Suzette kann nur dann den Verkauf von Sauerkraut verlangen, wenn die nach Art. 2 I GG (Allgemeine Handlungsfreiheit) und Art. 12 I GG (Berufsfreiheit) gewährleistete Vertragsfreiheit des Gemüsehändlers Özcan (in Gestalt der Abschlussfreiheit) hier ausnahmsweise durch andere Rechtsnormen eingeschränkt ist.

§ 19 I AGG (Allgemeines Gleichbehandlungsgesetz) verbietet eine Benachteiligung im Zivilrechtsverkehr aus Gründen der Rasse oder der ethnischen Herkunft, des Geschlechts, der Religion, einer Behinderung, des Alters oder der sexuellen Identität. Würde Özcan den Verkauf des Sauerkrauts also mit der Begründung verweigern, dass Suzette Rentnerin ist, so würde eine unzulässige Diskriminierung wegen Alters vorliegen. Würde er den Verkauf des Sauerkrauts deshalb verweigern, weil er Suzette und Clothilde bei innigen Küssen beobachtet hat und eine Beziehung zwischen zwei Frauen moralisch ablehnt, so läge eine unzulässige Diskriminierung wegen der sexuellen Identität.

Das ist hier aber nicht der Fall. Es ist grundsätzlich zulässig, mit jemandem keinen Vertrag schließen zu wollen, weil man ihn nicht mag. Die Grenze bildet allerdings der Kontrahierungszwang. Ein solcher ist anzunehmen wenn eine monopolartige Machtstellung dahingehend vorliegt, dass das lebenswichtige Gut nicht anderweitig zu beschaffen ist. Wird in einem solchen Fall der Abschluss verweigert, so greift das Verbot der sittenwidrigen vorsätzlichen Schädigung des § 826 BGB. Es besteht ein Schadensersatzanspruch auf den Abschluss des Vertrages. Wäre Özcan also Monopolist in seinem Stadtviertel und Suzette gehbehindert, so müsste er auch ihr – wenn auch zähneknirschend – Sauerkraut verkaufen. Kann sich Suzette hingegen aus anderen Quellen eindecken, so darf er auf die Konkurrenz verweisen.

Als juristischer Laie geht man davon aus, dass beim Abschluss eines Vertrages gesprochen oder sogar geschrieben werden muss. Dass das auch anders geht, zeigt unsere Lösung zu Fall 16:

Ferdi kann mit Özcan einen Kaufvertrag (§ 433 I BGB) geschlossen haben. Frage ist allerdings, ob hier überhaupt ein Vertrag geschlossen worden ist, da doch keiner der beiden Beteiligten ein Wort gesagt hat. Die beiden für den Vertragsschluss erforderlichen Willenserklärungen, das „Angebot" und die „Annahme", müssen aber nicht mit Worten abgegeben werden. Dies ergibt sich aus dem Grundsatz der Formfreiheit im Zivilrecht. So genügt es, dass Ferdi durch das Hinlegen der Ware und des Geldes dem Gemüsehändler Özcan ein Kaufvertragsangebot unterbreitet hat, das so genau spezifiziert war, dass Özcan es mit einem bloßen Nicken des Kopfes, das für ein „Ja" stand, annehmen konnte. Solche Willenserklärungen ohne Worte bezeichnet man als schlüssiges Verhalten oder vornehmer als konkludentes Verhalten. So sieht die Rechtsprechung beispielsweise in dem Fahren auf einen Bezahlparkplatz den Abschluss eines entsprechenden Vertrages (Parken gegen Entgelt). Demnach ist hier zwischen Ferdi und Özcan ein Kaufvertrag zustande gekommen.

Man sieht, dass Erklärungen bzw. Handlungen oft interpretiert („ausgelegt") werden müssen. Dabei stellt sich als erstes die Frage, ob überhaupt eine Willenserklärung vorliegt und als zweites dann, wie diese ggf. auszulegen ist.

Die Grundsätze der Auslegung zeigt die umfassende Übersicht 5.

Während bisher zwei- oder mehrseitige Rechtsgeschäfte im Mittelpunkt unseres Interesses standen, geht es nun um die Frage, wie einseitige Rechtsgeschäfte die Rechtslage für andere Beteiligte verbindlich verändern können. Mit dieser Frage befasst sich die Lösung zu Fall 17:

Hinsichtlich des Azubis Hidir stellt sich die Frage, ob Özcan das bestehende Arbeits- bzw. Ausbildungsverhältnis durch eine einseitige Willenserklärung beenden kann. § 620 II BGB bestimmt, dass ein Arbeitsverhältnis unter Einhaltung bestimmter Fristen durch eine einseitige Erklärung, die Kündigung, beendet werden kann. Näheres ergibt sich aus dem

Übersicht 5: Auslegung von Willenserklärungen

Willenserklärungen

empfangsbedürftige Willenserklärungen (Angebot und Annahme; Kündigung; Anfechtung)	**nicht empfangsbedürftige Willenserklärungen** (Testament)
Auslegungsziel: objektiver Empfängerhorizont (= Verständnis eines neutralen Dritten) (§§ 133, 157 BGB)	**Auslegungsziel:** wirklicher Wille (§ 133 BGB)
Auslegung nach	**Auslegung nach**
- Wortlaut - Vorgeschichte - Zusammenhang - Vertragszweck - Interessen - Treu und Glauben - Verkehrssitte - im Zweifel Vorrang des Vertrauensschutzes - Auffüllung von Lücken nach dem mutmaßlichen Willen beider Parteien	- Wortlaut - Motive des Erklärenden, soweit sie ermittelbar sind - Problemfall: formgebundene Erklärungen (Testament)

Kündigungsschutzgesetz und weiteren arbeitsrechtlichen Vorschriften, die ins Arbeitsrecht gehören. Hier ist interessant, dass ein Rechtszustand auch ohne oder gegen den Willen eines Beteiligten verändert werden kann. Dies verstößt nicht gegen die Privatautonomie, da es sich beim Arbeitsverhältnis - wie bei der Miete - um ein Dauerschuldverhältnis handelt, dessen endloser Lauf seinerseits die Privatautonomie der Beteiligten empfindlich einschränken würde.

Fall 18

Am Nachmittag trifft sich Özcan mit seinen Vereinsbrüdern vom „Verein der informierten Gemüsehändler e.V.". Der Verein hat mittlerweile eine ganze Reihe von Büchern und Veröffentlichungen über Gemüse im Allgemeinen und Qualitätsstandards im Besonderen herausgegeben. Er möchte deshalb eine Verlags GmbH gründen. Wer muss alles zustimmen, damit die GmbH zustande kommt?

Fall 19

Als er abends wieder ins Geschäft kommt, berichtet ihm die Verkäuferin Frau Knolle von ihren Erlebnissen am Nachmittag. Der Konkurrent Gerstner hat bei Özcan 20 Kisten Äpfel bestellt, diese aber wieder zurückgeschickt, weil er sie von Anfang an nicht haben, sondern nur Özcan schaden wollte. Kann Özcan von Gerstner Bezahlung verlangen?

Denkt man an einen Vertrag, so stehen vor dem geistigen Auge meistens zwei Parteien einander gegenüber, und in der Mitte ein gebrauchtes Auto zum Verkauf oder der Mietvertrag für eine neue Studentenbude. Es gibt aber – wie aufgezeigt – auch durchaus Verträge mit mehreren oder vielen Beteiligten. Das zeigt auch die Lösung zu Fall 18:

Für die Gründung der GmbH ergibt sich folgendes Bild: Hier soll ein Dauerschuldverhältnis begründet werden. Die GmbH soll ohne zeitliche Begrenzung als juristische Person entstehen und die Verlagsprodukte vertreiben. Von der Gesellschaftsgründung und der Gesellschaft sind alle Gesellschafter in gleichem Maße betroffen. Deshalb muss der Gesellschaftsvertrag auch von allen Vereinsbrüdern die auch Gesellschafter werden wollen geschlossen werden.

Von den Gesellschaftsverträgen zurück zu den Verträgen allgemein. An Verträge hat man sich zu halten. Das zeigt die Lösung zu Fall 19:

Hinsichtlich des Zahlungsanspruchs des Özcan gegen den Gemüsehändler Gerstner ergibt sich Folgendes: Gerstner kann einen Kaufvertrag (§ 433 I BGB) über die bestellte Ware abgeschlossen haben. Dem scheint entgegen zu stehen, dass er einen solchen Vertrag überhaupt nicht ernstlich abschließen, sondern nur seinem Konkurrenten Özcan schaden wollte. Ein geheimer Vorbehalt ist aber nur dann schädlich, wenn ihn die andere Vertragspartei kennt (§ 117 I BGB), jedoch nicht dann, wenn nur der Erklärende selbst von seinen Vorbehalten weiß (§ 116 BGB). Es gilt immer noch der Grundsatz: „Ein Mann, ein Wort“. Die alten Römer nannten dies: Pacta sunt servanda (Verträge sind einzuhalten). Der Rechtsverkehr kann nur dann funktionieren, wenn die Erklärungen, die Beteiligte abgeben, grundsätzlich auch verbindlich sind. Wie sich Irrtümer des Erklärenden oder Täuschung oder Drohung durch einen Beteiligten auswirken, wird Gegenstand in Lektion 12 sein.

Hier bleibt festzuhalten, dass Özcan von seinem Konkurrenten Gerstner Bezahlung verlangen kann. Natürlich, das haben Sie gleich geahnt! Und, kannten Sie den zentralen lateinischen Rechtssatz auch schon?

Lektion 5: Verpflichtungen und Verfügungen

Fall 20

Der Gemüsehändler Özcan hat sich – so glaubt er – mit seinem Konkurrenten, dem Gemüsehändler Gerstner, wieder ausgesöhnt. Infolge dessen beliefern sich die beiden Gemüsehändler wechselseitig mit Ware, wenn einer knapp ist. Eines Tages erhält Özcan den Auftrag, kurzfristig eine Party mit Melonen und Schinken auszustatten. Da er selbst nicht genügend Melonen hat, bittet er Gerstner um Hilfe für diesen Eilfall. Der hat gerade noch einen entsprechenden Vorrat. Telefonisch verständigen sich die beiden auf Menge und Preis. Am nächsten Tag steht die Party unmittelbar bevor, und Özcan fährt zu Gerstner, um die noch fehlenden Melonen aufzuladen. Aber hoppla, der Gerstner hat die Melonen an seinen treuen Kunden, dem örtlichen Zoo, verkauft und den Tierpflegern gleich mitgegeben. Was tun?

Das deutsche Recht unterscheidet, wie bereits kurz dargestellt, zwischen

- Verpflichtungs- und Verfügungsgeschäft.

Das ist nicht irgendeine nebensächliche Feststellung, sondern die zentrale Grundlage bei Verträgen überhaupt! Anders ist es z.B. in Frankreich, die eine solche Trennung nicht kennen und daher andere Probleme haben.

Beim Kaufvertrag (§ 433 BGB), der uns hier als Typus dienen soll, bedeutet dies, dass mit dem Abschluss des Kaufvertrages lediglich eine Verpflichtung begründet worden ist. Die Eigentumsverhältnisse an den verkauften Sachen sind aber noch nicht geändert worden. Das Gesetz unterscheidet insoweit streng zwischen der Verpflichtung (aus dem Schuldrecht) und der Verfügung (aus dem Sachenrecht).

Der Eigentumserwerb an gekauften Sachen ist ein eigenständiges Rechtsgeschäft, Übereignung genannt, das in § 929 BGB geregelt ist. Zur Übertragung des Eigentums an einer beweglichen Sache ist erforderlich, dass der Eigentümer die Sache dem Erwerber übergibt (Übergabe) und beide darüber einig sind, dass das Eigentum übergehen soll (Einigung).

Diese Splittung wurde von der Lehre in zwei Prinzipien gegossen:

- Das Trennungsprinzip: Auch wenn im Wirtschaftsverkehr der Abschluss eines Kaufvertrages und die Übereignung der verkauften Sachen häufig zeitlich zusammen fallen, sind sie jedoch rechtlich streng zu trennen.

- Das Abstraktionsprinzip: Die Wirksamkeit der beiden Geschäfte, des schuldrechtlichen Verpflichtungsgeschäfts und des sachenrechtlichen Verfügungsgeschäfts, sind getrennt zu würdigen.

Was folgt daraus? Für einen Sachen-Kauf mit Abwicklung sind drei Verträge notwendig! Der Kauf selbst, die Übereignung der Sache und die Übereignung des Geldes. Und, Sie werden es nicht glauben, alle drei können auch prima schief gehen. Aber kaputt ist dann immer nur ein Vertrag, die zwei anderen sind wirksam und stehen verloren in der Wirklichkeit. Ein ganzes Rechtsgebiet beschäftigt sich nur damit, die durch diese Aufsplittung geschaffenen Probleme dann wieder zu reparieren, das Bereicherungsrecht (§§ 812 ff. BGB).

Das Standardbeispiel der Lehre (wie es jedem täglich passiert): Würde der Verkäufer einer Sache zwischen dem Abschluss des Kaufvertrages und der Übereignung der Sache geschäftsunfähig, so wäre der Kaufvertrag wirksam, die Übereignung aber unwirksam (§ 105 I BGB).

In der Regel hat aber einer von beiden mehr oder weniger etwas Unrechtes getan. Ein Beispiel: Özcans Nachbar Preller besucht die Eckkneipe „Zum Zecher“ und bestellt ein Bier, die Kellnerin sagt OK. (Verpflichtungsvertrag). Preller bekommt das Bier, nimmt es an (Verfügungsvertrag Nr. 1), kann dann aber nach dem Austrinken nicht zahlen (Verfügungsvertrag Nr. 2 scheitert).

Aus dem Internet kennt man dies auch. Weintrinker W bestellt beim Internet-Weinhandel eine bestimmte Flasche (Weingut, Jahrgang). Der Weinhändler sieht nicht im Keller nach, sondert mailt einfach so die Bestätigung (Verpflichtungsvertrag). Das Geld wird von W überwiesen, der Wein war aber schon aus und der Internethandel kann nicht liefern. Ein Verfügungsvertrag ist OK, der andere aber nicht.

Leitsatz 8

!

Trennungsprinzip, Abstraktionsprinzip

▶ **Trennungsprinzip**

- die **Verpflichtung**, etwas zu tun (beispielsweise der Kaufvertrag, der den Käufer zur Zahlung und den Verkäufer zur Übergabe und Übereignung der Sache verpflichtet) und
- die **Erfüllung** dieser Verpflichtung (beispielsweise die Übergabe und Übereignung des Kaufpreises oder die Übergabe und Übereignung der Sache selbst)

sind voneinander **getrennt**, also zwei verschiedene Vorgänge.

▶ **Abstraktionsprinzip**

Die Unwirksamkeit eines dieser Geschäfte hat auf die Wirksamkeit der anderen Geschäfte keinen Einfluss.

Dieses Verhältnis von Verpflichtung und Erfüllung ist auch Gegenstand der Lösung zu Fall 20:

Wie ist die rechtliche Situation der Melonen? Da Gerstner die Melonen dem Zoomitarbeiter gleich mitgegeben hat, ist von einem wirksamen Verfügungsgeschäft auszugehen. Die dicken Dinger wurden übergeben und beide waren sich einig, dass das Eigentum übergehen sollte. Özcan hat also keine rechtliche Möglichkeit, die Herausgabe der Melonen vom Zoo – etwa aus einem Eigentumsrecht (§ 985 BGB) – zu verlangen. Der Zoo (und nicht er) ist Eigentümer geworden und zudem haben die Schimpansen diese bestimmt auch schon verspeist.

Wie ist die Situation des Kaufvertrags (§§ 433 I BGB)? Özcan hat einen wirksamen Kaufvertrag (Verpflichtungsvertrag), da sich beide telefonisch auf Menge und Preis geeinigt haben. Dieser nützt ihm nun aber wenig, da er die Melonen sofort vor der Party benötigt und Gerstners nun keine mehr auf Lager hat. Eine spätere Lieferung braucht sich Özcan nicht gefallen zu lassen, da er die Melonen fristgemäß vor der Party benötigte. Gerstner ist in Verzug (§ 286 II 4 BGB).

Özcan muss sich die Melonen also schnell anderweitig beschaffen (Supermarkt etc.). Mehrkosten für teurere Melonen und Aufwendungen (Benzin etc.) kann er aber als Schadensersatz von Gerstner fordern (§§ 249 I, 280 ,

II, 286 BGB). Einzig die Affen sind glücklich. Der Zoo hatte nicht nur einen wirksamen Kaufvertrag, die leckeren Sachen sind nach § 929 BGB auch rechtmäßig übergeben und übereignet worden.

Einen weiterführenden Überblick über das Verpflichtungs- und Verfügungsgeschäft gibt Übersicht 6.

Übersicht 6: Verpflichtungs- und Verfügungsgeschäft

Verpflichtungs- und Verfügungsgeschäft

Verpflichtungsgeschäft: begründet eine Schuld

zwischen Verpflichtung und Verfügung stehen Trennungs- und Abstraktionsprinzip

- **Trennung**: beide Geschäfte werden getrennt betrachtet
- **Abstraktion**: die Wirksamkeit beider Geschäfte wird getrennt betrachtet
- **Durchbrechung**: wenn bei Gesetz- oder Sittenwidrigkeit der Zweck des Verbots nur erreicht werden kann, wenn beide Geschäfte als unwirksam angesehen werden, obwohl das Verfügungsgeschäft eigentlich rechtlich neutral ist
- **Ausgleich**: durch das Bereicherungsrecht, das ein sehr schwieriger Teil des Besonderen Schuldrechts ist

Verfügungsgeschäft: erfüllt in der Regel eine Schuld (oder überträgt sie oder ändert ihren Inhalt)

Lektion 6: Abgabe und Zugang von Willenserklärungen

Fall 21

Nachdem Özcan in den letzten Jahren gut im Geschäft war, eröffnet in seinem Bezirk ein großer Supermarkt mit einer hervorragenden Gemüseabteilung. Seine Umsätze brechen ein, und er ist gezwungen, sich von einigen (ungeliebten) Mitarbeitern zu trennen. Da er sich sicher ist, dass die Mitarbeiter sich gegen diesen Schritt zur Wehr setzen werden, möchte er ganz sicher gehen und die Kündigungen mit Abmahnungen vorbereiten. Arbeitsrechtliche Gründe hin oder her – hier kommt es auf Abgabe und Zugang der Willenserklärung an.

Azize soll ihre Abmahnung bekommen, die Özcan auf seinem Computer tippt und ausdruckt, die dann aber auf Nimmerwiedersehen unter einem großen Stapel Rechnungen verschwindet.

Fall 22

Beatrix soll ihre Abmahnung erhalten, die Özcan ihr per Post schickt, ohne zu wissen, dass Beatrix mittlerweile ihren Freund geheiratet hat und jetzt unter einer neuen Anschrift wohnt.

Fall 23

Chantal soll ihre Abmahnung empfangen, die Özcan, des Briefe Schreibens müde, ihr mündlich erteilen will. Chantale, von der Özcan weiß, dass sie schwerhörig ist, hat aber gerade ihr Hörgerät in Reparatur.

Fall 24

Dilay ist 17 Jahre alt und Azubine im Betrieb. Als sie ihre Abmahnung in ihrem eigenen Briefkasten findet, wirft sie diese in den Abfall, damit die Eltern sie nicht zufällig finden.

Nur Petra macht Özcan Freude. Sie hat mittlerweile gekündigt und arbeitet jetzt für den Supermarkt.

In unseren früheren Lektionen wurde ja schon dargestellt, dass der privatautonome Wille der Personen sich im Rechtsverkehr durch Willenserklärungen verwirklicht.

Diese müssen aber, um zu wirken, grundsätzlich auch bei dem Adressaten, den sie betreffen, ankommen. Das Gesetz enthält insoweit eine nur lückenhafte Regelung. Den Rest muss man sich erschließen. So bestimmt das Gesetz, dass eine Willenserklärung, die einem Abwesenden gegenüber abzugeben ist, wirksam wird, sobald sie ihm zugeht (§ 130 I S. 1 BGB), d.h., so in seinen Machtbereich (etwa den Briefkasten) gelangt, dass unter gewöhnlichen Umständen mit Kenntnisnahme zu rechnen ist (Zugang). Den Schritt davor regelt das Gesetz nicht. Bevor eine Willenserklärung durch Zugang wirksam werden kann, muss sie zunächst einmal abgegeben werden, vor dem Zugang liegt also die Abgabe der Willenserklärung.

Ist eine Willenserklärung mit Wissen und Wollen ihres Urhebers in Richtung auf den Adressaten in Bewegung gesetzt worden (also beispielsweise der Brief in den Briefkasten geworfen), so ist sie abgegeben. Wird hingegen eine Willenserklärung ohne Wissen und Wollen ihres Urhebers in Richtung auf den Adressaten in Bewegung gesetzt (also beispielsweise der Briefentwurf von der Sekretärin eigenmächtig vom Schreibtisch des Chefs genommen und in den Briefkasten geworfen), so ist eben keine Willenserklärung abgegeben worden, so dass allenfalls eine Haftung für den Rechtsschein einer Willenserklärung in Betracht kommt.

Ist eine Willenserklärung erst einmal abgegeben, so muss sie zu ihrem Wirksamwerden auch tatsächlich zugehen (§ 130 BGB). Geht eine Willenserklärung also auf dem Wege verloren, so trifft dieses Risiko den Absender. In vielen Rechtsstreitigkeiten lautet daher die Standardverteidigung, oft der Wahrheit zuwider: „Kündigung? Habe ich nie gekriegt".

Zum Zugang ist erforderlich, dass die Willenserklärung so in den Machtbereich des Empfängers gelangt, dass unter gewöhnlichen Umständen mit ihrer Kenntnisnahme zu rechnen ist. Bei Briefen an ein Büro ist dies etwa der Fall, wenn sie vor Büroschluss (z.B. 18.00 Uhr) beim Empfänger eingeworfen werden. Bei Briefen an Privatpersonen ist zu fragen, wann alle Zustelldienste des Tages durch sind. Was sagen Sie? 16.00 Uhr? Ein Brief, der erst später im Briefkasten landet, ist erst am nächsten Tag zugegangen, da erst zu diesem Zeitpunkt mit Kenntnisnahme zu rechnen ist.

Allerdings regelt das Gesetz lediglich das Wirksamwerden von Willenserklärungen gegenüber Abwesenden (§ 130 BGB). Bei Anwesenden ist zu differenzieren: Handelt es sich um eine verkörperte Willenserklärung, also beispielsweise um eine Abmahnung, die in Form eines Briefes persönlich an den Arbeitnehmer übergeben wird, so ist diese zugegangen, sobald mit Kenntnisnahme zu rechnen ist, also das Schreiben gelesen werden kann. Handelt es sich um eine nicht verkörperte Willenserklärung, also beispielsweise um eine Abmahnung, die in Form einer mündlichen Rüge an den Arbeitnehmer adressiert wird, so ist diese zugegangen, sobald der Arbeitnehmer sie vernommen hat. Nicht erforderlich ist, dass der Arbeitnehmer sie auch versteht. Jedoch muss der Erklärende – in diesem Fall also der Arbeitgeber – auf Zugangshindernisse auch unter Anwesenden Rücksicht nehmen, er darf sich also beispielsweise nicht einer Sprache bedienen, welche der Empfänger nicht versteht.

Bei jeder Form des Zugangs kommt es natürlich darauf an, dass die Erklärung den Empfänger auch **tatsächlich** erreicht, sie ist also so zu adressieren, dass sie im voraussichtlichen Machtbereich des Empfängers ankommt. Bei natürlichen Personen wird dies regelmäßig der Wohnsitz sein (§ 7 I BGB), bei juristischen Personen ist der Sitz (§ 24 BGB) maßgeblich. Eine Besonderheit enthält das Gesetz für den Zugang von Willenserklärungen gegenüber nicht voll Geschäftsfähigen, also insbesondere gegenüber **Kindern** und **Jugendlichen**: Eine Willenserklärung, die für einen nicht voll Geschäftsfähigen bestimmt ist, wird nicht wirksam, bevor sie seinem gesetzlichen Vertreter – also mindestens einem Elternteil – zugeht (§ 131 I, II BGB).

Für die durch den Gemüsehändler Özcan gegenüber seinen geliebten Mitarbeitern ausgesprochenen Abmahnungen ergibt sich damit folgendes Bild, beginnend mit Azize in der **Lösung zu Fall 21**:

Azize könnte wirksam abgemahnt worden sein, dazu wäre aber Voraussetzung, dass ihr die Abmahnung auch tatsächlich zugegangen ist. Vor dem Zugang liegt aber die **Abgabe** einer Willenserklärung. Ist die Erklärung noch nicht einmal abgegeben, so kann sie auch nicht wirksam werden, da sie nicht in den Machtbereich des Empfängers gelangt, also nicht zugeht, § 130 I BGB. Also: Einen Brief unter einem Stapel verschlampen reicht zur Abgabe der Willenserklärung nicht aus.

Variante: Wenn die unter einem großen Stapel verlegte Abmahnung einige Tage später wieder auftaucht und von der Sekretärin des Gemüsehändlers Özcan ohne dessen Wissen in den Briefkasten der Azize geworfen wird, so scheint es zwar so, als wäre sie nach § 130 I BGB zugegangen, dies ist jedoch nicht der Fall, da die Abmahnung gar nicht abgegeben worden ist. Sie ist nämlich ohne Wissen und Willen des Özcan in Richtung auf den Empfänger in Bewegung gesetzt worden. Nach Grundsätzen einer „Rechtsscheinhaftung" muss sich Özcan aber möglicherweise an der versehentlichen Abmahnung festhalten lassen, wenn Azize einen Rechtsanwalt mit der Geltendmachung eines Anspruchs auf Entfernung einer unberechtigten Abmahnung aus der Personalakte beauftragt und ihre Kosten von Özcan ersetzt bekommen will.

Dass eine Zustellung gar nicht so einfach ist, und dass man sich wegen der Adresse vergewissern muss, macht die Lösung zu Fall 22 deutlich:

Beatrix ist, wie der Sachverhalt mitteilt, umgezogen. An der Adresse, an welche Özcan die Abmahnung gerichtet hat, unterhält sie keinen Wohnsitz mehr (§ 7 I BGB). Daher kann ihr an der alten Anschrift eine Willenserklärung auch nicht mehr zugehen (§ 130 I BGB). Die Abmahnung geht ins Leere. Sie wird nicht wirksam. Allenfalls muss sich Beatrix in einem späteren Rechtsstreit vorwerfen lassen, dass sie ihrem Arbeitgeber die neue Anschrift nicht mitgeteilt hat. Ob eine solche (vorsätzliche oder fahrlässige) „Vereitelung des Zugangs" diesen jedoch ersetzen kann, und wann eine Willenserklärung, deren Zugang vereitelt worden ist, wirksam wird, ist jedoch eine Frage des Einzelfalls.

Zugangsprobleme gibt es nicht nur unter Abwesenden, sondern auch unter Anwesenden, wie die Lösung zu Fall 23 zeigt:

Auch bei Chantal ist problematisch, ob ihr die Abmahnung zugegangen ist. Zwar handelt es sich hier nicht um eine Willenserklärung unter Abwesenden, sondern um eine Willenserklärung unter Anwesenden, so dass der Zugang in der Regel mit der Vernehmung durch den Empfänger vollendet ist. Bei Personen, die der Sprache, in der die Willenserklärung gehalten ist, nicht mächtig sind, oder die behinderungsbedingt in ihrer Aufnahmefähigkeit eingeschränkt sind, gelten jedoch strengere Anforderungen.

Zu dem tatsächlichen Vernehmen der Botschaft muss auch noch die Möglichkeit dazu kommen, diese zu verstehen. Auch hier soll also das Übermittlungsrisiko gerecht verteilt werden. Da Özcan die Hörschwäche kennt, muss er sich vergewissern, dass die Arbeitnehmerin ihn fehlerfrei verstehen kann. Schließlich hätte er es in der Hand, sich gerade in diesem Fall einer schriftlichen Abmahnung zu bedienen. Demnach ist auch Chantal nicht wirksam abgemahnt worden.

Nach alledem jetzt das Prüfschema über die Wirksamwerdung von Willenserklärungen.

Prüfschema 1: Wirksamwerdung von Willenserklärungen

Willenserklärungen

1. **Erklärung**
   - objektiver Erklärungstatbestand (wurde erklärt?)
   - subjektiver Erklärungstatbestand (sollte erklärt werden?)

2. **Abgabe**
   - in Richtung Empfänger in Bewegung gesetzt?
   - durch den Erklärenden oder ihm zurechenbar?

3. **Zugang**

   a) unter **An**wesenden
   - Vernehmung der Erklärung?
     (Problemfälle: Ausländer wg. Sprache, Schwerhörige)

   b) unter **Ab**wesenden
   ist sie in den Machtbereich des Empfängers gelangt? Dann ist mit Kenntnisnahme regelmäßig zu rechnen!
   (Problemfälle: Urlaub, Krankenhausaufenthalt)

   c) Sonderfall: Kinder und Jugendliche
   - mindestens einem Elternteil zugegangen (§ 131 BGB)?

4. **Zeitpunkt**
   - zu welchem konkretem Zeitpunkt ist sie dem Erklärungsempfänger zugegangen (§ 130 I S. 2 BGB)?
     (Problemfälle: später Briefeinwurf, Wochenendfax ans Büro)

Und damit kommen wir schon zur Lösung zu Fall 24:

Bei Dilay sieht es nach dem Maßstab des § 130 I BGB so aus, als sei ihre die Abmahnung tatsächlich zugegangen. Sie ist ja in ihren Briefkasten gelangt. Dennoch ist ihr die Abmahnung möglicherweise nicht zugegangen, denn § 131 I, II BGB ordnet an, dass eine Willenserklärung, die einem nicht voll Geschäftsfähigen gegenüber abzugeben ist, diesem erst zugeht, wenn sie seinem gesetzlichen Vertreter zugeht. Als Minderjährige ist Dilay gemäß § 106 BGB nicht voll geschäftsfähig. Also geht ihr die Abmahnung erst zu, wenn sie einem Elternteil zugegangen ist. Da das nicht passiert ist, ist es auch nicht zu einem wirksamen Zugang gekommen. Hätte Özcan doch direkt an die Eltern adressiert.

Da es hier um eine arbeitsrechtliche Abmahnung ging, könnte man jedoch darüber nachdenken, ob die Eltern mit der Zustimmung zum Ausbildungsvertrag gem. § 113 I BGB auch zugleich eine entsprechende Empfangszuständigkeit erklärt haben. Aber das überlassen wir den Arbeitsrechtlern.

Überhaupt ist der Zugang einer Willenserklärung bei Hilfspersonen oder Hilfsgerätschaften oft problematisch. Hier geht es um die Macht- und Risikobereiche. Jeder trägt für seine Bereiche die Verantwortung. Geht die Post beim (vom Erklärenden beauftragten) Postdienstleister verloren, gilt diese als nicht zugegangen. Anders ist es beim Verlust im Hausbriefkasten (Hilfsgerätschaft des Empfängers). Wird dieser ausgeraubt, gilt ein zuvor eingeworfener Brief als zugegangen.

In der Praxis und in Prüfungsfällen gibt es -zig verschiedene Fallkonstellationen mit Telefaxen, Einschreiben, Boten etc. In der Praxis hilft dann Nachschlagen im Kommentar. In der Prüfung bilden Sie sich eine fundierte Meinung. Sollte durch den Nichtzugang die Prüfungsfrage allzu schnell gelöst sein, so sollten Sie ein Hilfsgutachten schreiben oder möglicherweise doch zum Zugang tendieren.

Lektion 7: Angebot und Annahme

Fall 25

Den Metzger Messer hat das Schicksal ereilt: Seine Frau ist Vegetarierin geworden. Jetzt muss er jeden Tag zu Gemüsehändler Özcan, um sich mit frischen Lebensmitteln für das gemeinsame Essen einzudecken.

Am Montag ruft er Özcan an, ob dieser noch Sternfrüchte im Hause habe. Özcan bejaht: Eine Sternfrucht sei noch da. Als er seinen Preis nennt, legt Messer verärgert auf. Später kommt Messer doch noch im Laden vorbei. Die Sternfrucht ist weg. Ein anderer Kunde hat sie gekauft. Jetzt will Messer, kleinlich wie er ist, die Fahrtkosten ersetzt haben.

Fall 26

Am Dienstag ist Großtante Mathilde zu Besuch bei Messers, die gerne Papaya isst. Messer bestellt daher bei Özcan einen Karton Papaya im Namen seiner Großtante, deren Alleinerbe er ist. Wenige Stunden später erliegt die 97-jährige einem Herzinfarkt. Jetzt will Messer, kleinlich wie er ist, den Karton Papaya nicht mehr abnehmen.

Fall 27

Am Mittwoch sendet Özcan dem Messer eine Kiste mit Kokosnüssen und einem Zettel, auf dem steht, er solle die Kokosnüsse bei seinem nächsten Besuch zu 2,00 € das Stück bezahlen oder zurückbringen. Messer, kleinlich wie er ist, verspeist die Kokosnüsse mit Genuss, weigert sich aber, zu bezahlen, weil ja kein Vertrag zustande gekommen sei.

Fall 28

Donnerstag bestellt Messer für die Trauergäste zum Begräbnis seiner Großtante Tomaten, Zwiebeln und Paprika. Er möchte belegte Brote anbieten. Özcan verlangt für die Lieferung einen Pauschalpreis von 30 €. Messer, kleinlich wie er ist, möchte aber nur 20 € bezahlen. Schließlich liefert Özcan doch noch, ohne dass eine Einigung über den Preis getroffen worden ist.

Fall 29

Am Freitag möchte Messer in dem Imbiss, der zu seiner Metzgerei gehört, Kohlrouladen anbieten. Er bestellt daher bei Özcan eine Kiste Kohl und verlangt, dass diese bis 10.00 Uhr bei ihm in der Metzgerei stehen muss. Da Özcan nicht ans Telefon geht, hinterlässt Messer eine entsprechende

Nachricht auf dem Anrufbeantworter. Özcan liefert erst um 11.00 Uhr. Messer, kleinlich wie er ist, verweigert die Annahme des Kohls.

Am Samstag macht Özcan einen langen Spaziergang und denkt darüber nach, in welchen Punkten Messer Recht hat, in welchen nicht, während Frau Messer gerade wieder entdeckt, dass Würste eigentlich ganz gut schmecken.

Die vorigen Lektionen haben sich mit Willenserklärungen, ihrem Inhalt (Verpflichtungen und Verfügungen) sowie mit der Abgabe und dem Zugang von Willenserklärungen beschäftigt. Es wurde bereits darauf hingewiesen, dass die Austauschverträge des täglichen Lebens zweiseitige Rechtsgeschäfte sind, bei denen der eine Teil eine Leistung, der andere Teil eine Gegenleistung (in der Regel Geld) verspricht. Aufgrund der Privatautonomie bedarf es zum Abschluss eines solchen zweiseitigen Rechtsgeschäfts zweier korrespondierender Willenserklärungen, denn Vertrag kommt daher, dass zwei sich „vertragen".

Obwohl diese beiden Erklärungen zeitlich zusammenfallen können, unterscheidet man mit juristischer Trennschärfe stets Angebot und Annahme. Das Recht von Angebot und Annahme ist unter dem Titel Vertrag in §§ 145 – 157 BGB geregelt. Ein Angebot liegt nur vor, wenn Leistung und Gegenleistung so genau bezeichnet sind, dass die Gegenseite sich mit einem bloßen „Ja" als Annahmeerklärung binden kann. Solange dies nicht der Fall ist, befindet man sich noch im Stadium der Vertragsverhandlungen.

Außerdem ist erforderlich, dass die antragende Partei sich tatsächlich binden will (was in § 145 BGB vorausgesetzt wird). An diesem Rechtsbindungswillen kann es fehlen, wenn eine Partei nur eine Gefälligkeit erweisen oder sich den Abschluss eines Vertrages vorbehalten will. Ein Gefälligkeitsverhältnis liegt etwa regelmäßig bei Fahrgemeinschaften vor. Der Abschluss eines Vertrages bleibt vorbehalten, wenn durch ein öffentliches Angebot – etwa in einem Schaufenster – lediglich der Kunde aufgefordert werden soll, seinerseits ein Angebot zum Abschluss eines Vertrages zu unterbreiten (sog. invitatio ad offerendum). Denn der Verkäufer möchte sich vergewissern können, ob er noch genug Ware im Lager hat, und nicht schon durch das „Angebot" im Schaufenster, das kein Angebot im Rechtssinne ist, gebunden sein.

Übersicht 7: Rechtsbindungswille

Rechtsbindungswille vorhanden?

Gefälligkeiten: Rechtsbindungswille **kann fehlen**

- Gefälligkeiten mit Sorgfaltspflichten (Fahrgemeinschaft)
- Gefälligkeiten ohne Pflichten (Essenseinladung)

Rechtsgeschäfte: Rechtsbindungswille **ist vorhanden**

- Gegenleistungsverträge (Kauf)
- unentgeltliche Verträge (Leihe)
- **kein** Wille bei vorbereitenden Handlungen (invitatio ad offerendum)

Ist erst einmal ein Angebot in der Welt, so ist der Antragende auch daran gebunden (§ 145 BGB). Die Bindung fällt weg, wenn das Angebot abgelehnt wird (§ 146 BGB). Sie entfällt auch dann, wenn ein Angebot unter Anwesenden nicht sofort angenommen wird (§ 147 I BGB) oder wenn ein Angebot unter Abwesenden nicht innerhalb des Zeitraums angenommen wird, innerhalb dessen üblicherweise mit der Annahme gerechnet werden darf (§ 147 II BGB). Um Unklarheiten zu vermeiden, empfiehlt es sich, eine Annahmefrist zu setzen, nach deren Ablauf der Antrag erlischt (§ 148 BGB). Ein Angebot gilt auch dann als abgelehnt, wenn es nur mit Änderungen angenommen wird (§ 150 II BGB), denn das ist kein „Ja", sondern ein „Jein" und damit rechtlich ein „Nein".

In Ausnahmefällen kann ein Angebot auch angenommen werden, ohne dass die Annahme gegenüber dem Antragenden ausdrücklich erklärt werden muss. Dies ist der Fall, wenn der Antragende auf eine Annahmeerklärung ausdrücklich verzichtet hat (§ 151 S. 1 BGB), so etwa dann, wenn Ware in einer Geschäftsbeziehung übersandt wird. Hier kommt ein Vertrag zustande, wenn die Ware nicht zurückgesandt, sondern ausgepackt und verbraucht wird (Anderes gilt bei Verbrauchern, § 241a I BGB).

Traurig ist der Fall, dass der Antragende vor der Annahme seines Angebots stirbt. Die Bindung an den Antrag (§ 145 BGB) wird in diesem Fall über den Tod hinaus verlängert (§ 153 BGB). Die Erben, die das offene Angebot eben mitgeerbt haben (§ 1922 I BGB), werden - wenn es denn angenommen wird - Vertragspartner.

Damit ein Vertrag zustande kommt, müssen sich Angebot und Annahme immer entsprechen. Dies ergibt sich schon aus der Regelung des § 150 II BGB, nach der eine Annahme unter Erweiterungen, Einschränkungen oder sonstigen Änderungen eine Ablehnung (verbunden mit einem neuen Antrag) darstellt. Fehlt es an dem erforderlichen Konsens, liegt ein Dissens vor. Tritt dieser Dissens zutage, so ist kein Vertrag zustande gekommen (§ 154 I S. 1 BGB - offener Dissens). Liegt der Dissens verborgen, weil die Parteien glauben, sich über alle maßgeblichen Punkte geeinigt zu haben, so kommt ein Vertrag zustande, wenn dies dem mutmaßlichen Willen beider Parteien auch ohne diesen Punkt entspricht (§ 155 BGB - versteckter Dissens).

Özcan bespricht auf seinem Samstags-Spaziergang die Rechtslage seiner Montag-bis-Freitag-Fälle mit seinem Rechtsanwalt. Zusammen kommen sie zu folgenden Ergebnissen.

Montag: Messer kann im Fall 25 gegen Özcan einen Anspruch auf Ersatz vergeblicher Aufwendungen nach § 284 BGB haben. Der Anspruch auf Fahrkostenersatz setzt aber voraus, dass zwischen den beiden überhaupt ein Vertrag zustande gekommen ist. Özcan hat Messer einen entsprechenden Antrag zum Kauf der Sternfrucht unterbreitet (§ 145 BGB). Diesen konnte Messer aber nur sofort annehmen (§ 147 I S. 2 BGB). Das hat er nicht getan. Daher ist kein Vertrag zustande gekommen. Also kann Messer auch keinen Schadensersatzanspruch gegen Özcan geltend machen.

Zum Vertragsschluss hier das Prüfschema.

Prüfschema 2: Vertragsschluss

1. Angebot
   - Ist das Angebot so **eindeutig**, dass es durch ein bloßes **Ja** angenommen werden kann?

2. Annahme
   - **rechtzeitig**?
     - bei **An**wesenden (auch Telefonierenden etc.): sofort (§ 147 I BGB)?
     - bei **Ab**wesenden: innerhalb des **üblichen** Zeitraums (§ 147 II BGB) bzw. vor **Fristablauf** (§ 148 BGB)?
     - **keine** Änderungen?
     - kann als **Ja** zu dem Angebot **verstanden** werden?

3. Konsens / Dissens
   - **decken** sich Angebot und Annahme (Konsens)?
   - **widersprechen** sich Angebot und Annahme (Dissens)?
     - offener Dissens → **kein** Vertrag (§ 154 I S. 1 BGB)
     - versteckter Dissens → mutmaßlichen Willen prüfen (§ 155 BGB)!
       a) mm. Wille der Parteien: **Vertragsschluss** → Vertrag
       b) mm. Wille der Parteien: **kein** Vertragsschluss → **kein** Vertrag

Eine Mischung aus Vertragsschluss und Erbrecht liefert die Lösung zu Fall 26:

Dienstag: Özcan kann gegen Messer einen Anspruch auf Bezahlung des Kaufpreises für die gelieferte Ware (Karton Papaya) aus § 433 II BGB haben. Denn Messer ist der Alleinerbe von Großtante Mathilde, er tritt als solcher in alle ihre Rechte und Pflichten ein (§ 1922 I BGB). Ein Vertragsschluss zwischen Özcan und Großtante Mathilde kann aber fraglich sein, weil Großtante Mathilde nach der Abgabe ihres Angebots (Bestellung) und vor dessen Annahme (Lieferung) verstorben ist. Diesen Fall regelt § 153 BGB. Das Zustandekommen eines Vertrags wird demnach nicht dadurch gehindert, dass der Antragende vor der Annahme stirbt. Daher konnte Özcan durch die Lieferung den Vertrag noch zustande bringen. Der Alleinerbe Messer muss die Papaya bezahlen, auch wenn ihm diese nicht schmecken.

Oft ist es gar nicht so einfach, festzustellen, ob ein Vertrag zustande gekommen ist, weil Angebot und Annahme nicht zusammenkommen oder zusammenpassen. Das zeigt auch die Lösung zu Fall 27:

Mittwoch: Özcan kann gegen Messer einen Kaufpreisanspruch (§ 433 II BGB) haben. Dazu müsste auch hier ein Kaufvertrag zustande gekommen sein. Ein Angebot liegt insoweit in der Übersendung der Kiste Kokosnüsse mit dem Zettel. Fraglich ist, ob Messer dieses Angebot angenommen hat. Messer geht hier davon aus, dass er das Angebot nicht angenommen hat. § 151 S. 1 Alt. 2 BGB regelt, dass nur eine Annahme erforderlich ist, aber keine Annahmeerklärung, wenn der Antragende auf diese verzichtet hat. In der Aufforderung, bei Gelegenheit zu bezahlen, liegt gleichzeitig ein Verzicht auf eine ausdrückliche Annahmeerklärung. Daher kann im Öffnen und Verzehr der Kokosnüsse eine „konkludente Annahme" des Angebots auf Abschluss eines Kaufvertrages liegen.

Zugunsten des Messer greift hier aber die Vorschrift des § 241a I BGB. Durch die Lieferung unbestellter Sachen durch einen Unternehmer an einen Verbraucher wird ein Anspruch nicht begründet. Da Messer hier nicht als Metzger, sondern als Privatmann (Verbraucher, § 13 BGB) betroffen ist, Özcan hingegen als Gemüsehändler (Unternehmer, § 14 BGB) ist § 241a I BGB einschlägig.

Rechtsfolge: Messer darf speisen, ohne zu zahlen. Zumindest jede andere – Özcan völlig unbekannte – Person dürfte dies! Aufgrund der langen Beziehung beider, könnten jedoch Treuepflichten gem. § 242 BGB den Messer treffen. Er sollte ein bis zwei Coconuts essen (das Öffnen ist ja auch nicht so einfach) und den Rest auf Kosten von Özcan zurücksenden.

Einigung oder nicht, das ist auch die Fallfrage bei der folgenden Lösung zu Fall 28:

Donnerstag: Vorliegend kann Özcan einen Anspruch auf Kaufpreiszahlung (§ 433 II BGB) haben. Dies setzt voraus, dass ein Kaufvertrag zustande gekommen ist. Dies ist zweifelhaft, weil nach der Schilderung des Sachverhalts eine Einigung über den Preis nicht zustande gekommen ist. Daher ist insgesamt kein Vertrag geschlossen worden (§ 154 I S. 1 BGB: Offener Einigungsmangel). Özcan kann seine zum Begräbnis gelieferten Tomaten, Zwiebeln und Paprika zurückverlangen (§ 985 BGB), oder, wenn diese bereits verspeist sind, Wertersatz (§§ 812 I S. 1, 818 II BGB). Der zu ersetzende Wert ist der Marktwert und hat mit dem – hier nicht vereinbarten – Preis der Ware nichts zu tun. Anderes würde gelten, wenn einer von beiden ausdrücklich das letzte Wort behalten hätte. Denn nach § 150 II BGB gilt eine „Annahme unter Änderungen" als Ablehnung verbunden mit einem neuen Antrag. Wird daraufhin geliefert, so wird dieser neue Antrag durch die Lieferung schlüssig angenommen, so dass ein Vertrag zu dem niedrigeren Kaufpreis zustande gekommen ist.

Der Zeitfaktor für die Annahme eines Angebotes ist der der Knackpunkt der Lösung zu Fall 29:

Freitag: Fraglich ist hier, ob Özcan von Messer verlangen kann, die bis 10.00 Uhr bestellte Kiste Kohlrouladenkohl zu bezahlen und abzunehmen (§ 433 II BGB). Dazu müsste ein Kaufvertrag zustande gekommen sein. Ein Angebot hat Messer dem Özcan auf dem Anrufbeantworter hinterlassen (§ 145 BGB). Allerdings hat er eine Annahmefrist bestimmt, so dass sein Antrag nur innerhalb der Frist angenommen werden kann (§ 148 BGB). Diese Annahmefrist hat Özcan um eine Stunde überschritten. Während eine unwesentliche Überschreitung der Annahmefrist noch unerheblich sein kann, z.B. um ein oder zwei Minuten bei Störungen des Faxgeräts, liegt hier eine wesentliche Überschreitung der Annahmefrist vor, so dass Messer weder bezahlen noch abnehmen muss.

Und wie steht es mit Ihnen? Sie hätten die Fünf-Tage-Aufgaben doch auch lösen können. Oder?

Leitsatz 9

Zweiseitiges Rechtsgeschäft/Konsens/Dissens

Zweiseitige Rechtsgeschäfte (z.B. Kaufvertrag, Darlehensvertrag, Mietvertrag oder Pachtvertrag) kommen dadurch zustande, dass eine Willenserklärung (**Angebot**) und eine zweite Willenserklärung (**Annahme**) sich so miteinander **decken**, dass die erste Willenserklärung ein fertig ausformuliertes Rechtsgeschäft vorschlägt und die zweite Willenserklärung es mit einem schlichten „Ja" annimmt (**Konsens**) (Schluss aus § 150 II BGB).

Wenn die beiden Willenserklärungen sich nicht decken, kommt ein zweiseitiges Rechtsgeschäft nicht zustande (**offener Dissens**, § 154 I S. 1 BGB), auch dann nicht, wenn beide Parteien es nicht bemerken (**erheblicher versteckter Dissens**). Anders jedoch, wenn die Abweichungen marginal sind und beiden Parteien das Rechtsgeschäft auch so gewollt hätten (**unerheblicher versteckter Dissens**) (§ 155 BGB).

III. Verbraucherschutz

Lektion 8: Widerruf und Rückabwicklung

Fall 30

Der Gemüsehändler Özcan und sein Kollege Reis haben die Beobachtung gemacht, dass immer mehr kritische Kunden ein so ausgefeiltes Bewusstsein biologischer Lebensführung entwickelt haben, dass sie dem Markt für Obst und Gemüse ein grundsätzliches Misstrauen entgegenbringen und daher bevorzugt selbst gezogenes Gemüse essen. Özcan und Gerstner gründen daher die ARGE Saatgut, eine Gesellschaft bürgerlichen Rechts, die an ökologisch angehauchte Zeitgenossen Saatgut vertreibt. Zu diesem Zweck stellen sie einen Handelsvertreter ein, der in den wohlhabenden Wohnvierteln mit einem Musterkoffer von Tür zu Tür geht und die neusten Samen-Kreationen vorstellt. Die Hausfrau Franziska kauft an der Haustür Saatgut für rund 100 € ein. Als die Rechnung kommt, möchte sie nicht bezahlen, obwohl sie bereits die Hälfte der Saat ausgebracht hat. Wie ist die Rechtslage?

In dem von der Privatautonomie geprägten Rechtssystem steht der Vertragsfreiheit des Einzelnen die Verantwortung gegenüber, einmal abgeschlossene Verträge auch einzuhalten (nochmals: pacta sunt servanda).

Dieser eigentlich selbstverständliche Grundsatz ist durch die Umsetzung von Richtlinien der Europäischen Union mit dem Ziel des Verbraucherschutzes erheblich aufgeweicht worden. Wer als Verbraucher (§ 13 BGB) mit einem Unternehmer (§ 14 BGB) – beide Begriffe sind uns schon begegnet – einen Vertrag abschließt, kann diesen durch einseitige Willenserklärung widerrufen (Widerrufsrecht), wenn sich der Unternehmer bestimmter Vertriebsformen bedient hat.

Diese Materie wird hier in diesem Buch behandelt, obwohl sie eigentlich im Schuldrecht geregelt ist (§§ 312 ff. BGB). Die Zuordnung zum BGB/AT hat ihre Grundlage in der Systematik. Der Verbraucherschutz beinhaltet erhebliche Ausnahmen zu den fundamentalen Grundsätzen des Allgemeinen Teils. Nach dem Prinzip von Regel und Ausnahme gehören erhebliche Ausnahmen inhaltlich mit zur Hauptsache, also das Verbraucherschutzrecht entsprechend zum BGB/AT.

Ein Widerrufsrecht besteht zum einen bei Haustürgeschäften (§ 312 I BGB). Ein Haustürgeschäft liegt vor, wenn der Unternehmer dem Verbraucher eine entgeltliche Leistung an seinem Arbeitsplatz, in einer Privatwohnung, auf einer sog. „Kaffeefahrt" oder im Anschluss an ein überraschendes Ansprechen in der Öffentlichkeit angedient hat. Ein Widerrufsrecht besteht außerdem bei Fernabsatzverträgen (§ 312b I BGB). Ein Fernabsatzvertrag liegt vor, wenn ein Unternehmer einen Verbraucher die Lieferung von Waren oder die Erbringung von Dienstleistungen unter ausschließlicher Verwendung von Fernkommunikationsmitteln (Telefon, Telefax, E-Mail, Brief) angedient hat.

Sowohl bei Haustürgeschäften als auch bei Fernabsatzverträgen kann der Verbraucher durch eine einseitige Willenserklärung (den Widerruf) den abgeschlossenen Vertrag innerhalb von zwei Wochen wieder vernichten (§ 355 BGB). Die Frist beginnt allerdings erst zu laufen, wenn der Verbraucher eine den gesetzlichen Erfordernissen entsprechende Widerrufsbelehrung erhalten hat (§ 355 III BGB), oder wenn sechs Monate ab Vertragsschluss verstrichen sind (§ 355 VI BGB). Auf das Widerrufsrecht finden gemäß § 357 I S. 1 BGB die Regeln über den Rücktritt (§§ 346 ff. BGB) Anwendung.

Danach wandelt sich der Vertrag durch den Widerruf in ein „Rückgewährschuldverhältnis". Die empfangenen Leistungen sind zurück zu gewähren (§ 346 I BGB). Wenn das nicht möglich ist, muss Wertersatz geleistet werden (§ 346 II Nr. 1 – 3 BGB).

Hinzuweisen ist noch darauf, dass auch für Verbraucherdarlehen (§ 495 BGB) und Ratenlieferungsverträge (§ 510 BGB) das Widerrufsrecht des § 355 I BGB gilt.

Das Verbraucherschutzrecht setzt die Lösung zu Fall 30 in anschaulicher Weise um: Die ARGE Saatgut ist als sog. „Arbeitsgemeinschaft" eine Gesellschaft bürgerlichen Rechts gemäß §§ 705 – 740 BGB. Als solche ist sie keine juristische Person, sondern ein Zusammenschluss aus mehreren natürlichen Personen. Dennoch geht die Rechtsprechung aus Pragmatismus davon aus, dass eine Gesellschaft bürgerlichen Rechts – kurz GbR – rechtsfähig und auch prozessfähig ist.

Daher kann die ARGE Saatgut einen Kaufpreisanspruch gegen Hausfrau Franziska aus § 433 II BGB haben. Dazu muss ein wirksamer Kaufvertrag geschlossen worden sein, der nicht wieder vernichtet wurde. Der Handelsvertreter konnte im Namen der ARGE Saatgut mit der Hausfrau Franziska einen Kaufvertrag schließen (§§ 84 ff. HGB) und hat dies auch getan. Möglicherweise ist der abgeschlossene Vertrag aber durch einen Widerruf der Franziska wegen Haustürgeschäfts (§ 312 I BGB) vernichtet und in ein Rückgewährschuldverhältnis umgewandelt worden (§§ 355, 357, 346 BGB). Die ARGE hat für ihre gewerbliche Tätigkeit, also als Unternehmer im Sinne des § 14 BGB, gehandelt. Franziska hat rein privat, also als Verbraucherin im Sinne des § 13 BGB, gehandelt. Da sie durch mündliche Verhandlungen im Bereich ihrer Privatwohnung zum Vertragsabschluss geführt worden ist, liegt ein Haustürgeschäft im Sinne des § 312 I Nr. 1 BGB vor. Sie hat den Vertrag fristgerecht widerrufen (§ 355 I BGB), so dass er sich in ein Rückgewährschuldverhältnis umgewandelt hat (§ 357 I, § 346 I BGB). Daher schuldet Franziska der ARGE keine Zahlung mehr, sondern die Rücksendung des Saatguts. Da das Saatgut über 40 € wert ist, wäre es möglich, dass die ARGE ihr die Kosten der Rücksendung vertraglich auferlegt (§ 357 II S. 2 BGB).

Problematisch ist hier, dass der empfangene Gegenstand, das Saatgut, zur Hälfte durch Aussaat verbraucht worden ist, so dass eine Rücksendung ausscheidet. In diesem Umfang hat Anneliese Wertersatz zu leisten (§ 346 II BGB). Während beim allgemeinen Rücktrittsrecht auch die gezogenen Nutzungen herauszugeben sind (§§ 346 I, 100 BGB) schließt § 357 IV BGB weitergehende Ansprüche aus. Ist das Saatgut also bereits aufgegangen, so kann die ARGE von ihr trotz reicher Erträge nicht die Ernte verlangen.

Leitsatz 10

!

Verbraucherschutz

Der **Verbraucher** ist ein Wesen, das die Europäische Gemeinschaft erschaffen hat, und das es in der Natur nicht gibt. In der Natur gibt es nur Erwachsene, Minderjährige und Geisteskranke. Der Verbraucher steht nun gewissermaßen dazwischen, weil er sich von Verträgen aus bestimmten **Vertragsschlusssituationen** (Haustürgeschäft, Fernabsatzgeschäft etc.) durch einseitige Erklärung, den **Widerruf**, lösen kann. Der Vertrag wandelt sich in ein **Rückgewähr-Schuldverhältnis** und wird dann zurück abgewickelt.

Zum Abschluss noch ein umfassendes und weiterführendes Prüfschema zum Verbraucherschutz.

Prüfschema 3: Widerrufsrecht bei Verbraucherverträgen

A) Besteht ein Widerrufsrecht für den Verbraucher gem. § 355 I BGB?

1. Liegt ein **Verbrauchervertrag** vor?
   - Unternehmer auf der einen Seite (§ 14 BGB)?
   - Verbraucher auf der anderen Seite (§ 13 BGB)?
2. Liegen die **besonderen Umstände** des Vertragsschlusses vor?
   - Haustürgeschäft gem. § 312 I BGB?
     (Achtung! Nicht bei: Bestellung des Unternehmers ins Haus, unter 40,01 €, Notarieller Beurkundung; § 312 III)
   - Fernabsatzgeschäft gem. § 312b I BGB
     (Achtung! Nicht bei den sieben Punkten des § 312b III BGB und den weiteren sieben Punkten des § 312d IV)
   - Verbraucherdarlehn (§ 495 BGB)?
   - Ratenlieferungsvertrag (§ 510 BGB)?
3. Wurde ein Widerruf **erklärt** (§ 355 I BGB)?
4. Entspricht der Widerruf der **Form** (§ 355 I BGB)?
   - Textform ohne Begründung gem. § 126b BGB oder
   - Rücksendung
5. Wurde der Widerruf **fristgemäß** eingelegt?
   - Zwei-Wochen-Frist (§ 355 II BGB)
   - Fristbeginn aber erst bei Erhalt der Widerrufsbelehrung (§ 355 III BGB)
   - Sechs Monate nach Vertragsschluss (§ 355 IV BGB)

B) Rechtsfolgen?

1. Verbraucher ist an seine Willenserklärung zum Vertragsschluss nicht mehr gebunden (§ 355 I BGB)
2. **Rückgewährschuldverhältnis**: Rückabwicklung des Vertrages gem. § 357 I BGB nach den Regeln über den Rücktritt (§§ 346 ff. BGB), aber mit Besonderheiten nach § 357 II – IV z.B. Wertersatz des Verbrauchers bei Verschlechterung

Lektion 9: Individualabrede und AGB

Fall 31

Der Gemüsehändler Özcan hat es zu Wohlstand und Ansehen gebracht. Er betreibt nunmehr einen Supermarkt für Obst, Gemüse und Schnittblumen. Um die Beziehungen zu der großen Zahl von Laufkunden zu vereinfachen, beschließt er, in seinem Ladengeschäft neue Allgemeine Geschäftsbedingungen aufzuhängen. Unter anderem sehen seine Allgemeinen Geschäftsbedingungen Folgendes vor:

Fall 32

Bei Schnittblumen soll für die Verpackung eine Pauschale von 2,00 € für Cellophan und von 1,00 € für Papier anfallen.

Fall 33

Kunden, die bestellte Ware nicht zum vereinbarten Zeitpunkt abholen, müssen eine Bearbeitungsgebühr von 10,00 € bezahlen.

Fall 34

Ist eine bestimmte Kartoffelsorte nicht lieferbar, so soll Özcan befugt sein, eine andere, ähnliche Sorte zu liefern.

Fall 35

Bei der Bestellung von seltenen Obstsorten aus dem Ausland soll Özcan grundsätzlich ein Rücktrittsrecht von sieben Tagen ab dem Vertragsschluss haben.

Fall 36

Um die Kunden nicht abzuschrecken, hängt Özcan seine Allgemeinen Geschäftsbedingungen im hinteren Bereich des Ladengeschäfts in der Nähe des Durchgangs zum Warenlager und zu den Toiletten auf. Geht das so?

Grundsätzlich gilt im deutschen Recht die Vertragsfreiheit. Jeder kann vereinbaren, was er will, da die Gegenseite schließlich zustimmen muss und sich selbst entscheiden kann, ob sie an einem solchen Vertrag interessiert ist oder nicht.

Dieses Vertragsgleichgewicht kann aber empfindlich gestört werden, wenn eine Vertragspartei sog. Allgemeine Geschäftsbedingungen (AGB) stellt, von denen sie den Vertragsschluss abhängig macht. Allgemeine Geschäftsbedingungen sind alle Vertragsbedingungen, die eine Vertragspartei der anderen Vertragspartei einseitig stellt, die also nicht ausgehandelt werden (§ 305 I BGB). Auch große und wirtschaftlich mächtige Unternehmen haben nicht immer die Zeit, bei jedem Lieferanten oder sonstigem Vertragspartner die AGB im Einzelnen zu überprüfen. Erst recht kann der Verbraucher eine solche Kontrolle nicht vornehmen und seine Position nicht durchsetzen.

Das BGB macht daher die Wirksamkeit von AGB von mehreren Voraussetzungen abhängig. Zunächst findet eine sog. Einbeziehungskontrolle statt. AGB werden nur dann Vertragsbestandteil, wenn ihr Verwender den Vertragspartner auf sie hinweist (§ 305 II Nr. 1 BGB) und ihm die Möglichkeit verschafft, von dem Inhalt der AGB zumutbar Kenntnis zu nehmen (Nr. 2) und der Vertragspartner mit der Geltung der AGB einverstanden ist, also beispielsweise nicht ausdrücklich widerspricht. Außerdem gehen individuelle Abreden den AGB immer vor (§ 305b BGB).

Ist also eine bestimmte Zusage gemacht worden, kann diese nicht wieder durch AGB beseitigt werden. Nach der Einbeziehungskontrolle findet eine sog. Inhaltskontrolle statt. Diese ist in fünf Stufen vorzunehmen:

- Es ist zu klären, welche Vorschriften für die Inhaltskontrolle Anwendung finden, da hier bei Verbrauchern strengere Vorschriften gelten als bei Unternehmern (§ 310 I BGB).

- Handelt es sich um eine überraschende Klausel, mit welcher der Vertragspartner nicht zu rechnen braucht, so wird diese nicht Vertragsbestandteil (§ 305c I BGB). Dabei handelt es sich trotz des anderen Gesetzeswortlauts um eine inhaltliche Kontrolle der AGB.

- Liegt ein Vertrag mit einem Verbraucher vor, so sind die AGB auf jeden Fall unwirksam, wenn sie gegen eines der Klauselverbote ohne Wertungsmöglichkeit nach § 309 BGB verstoßen.

- Außerdem sind bei einem Vertrag mit einem Verbraucher die AGB dann unwirksam, wenn sie gegen eines der Klauselverbote mit Wertungsmöglichkeit nach § 308 BGB verstoßen, und wenn zudem die Wertung ergibt, dass der Verbraucher durch die Klausel unangemessen benachteiligt wird.

- Schließlich sind AGB gegenüber einem Verbraucher oder aber auch gegenüber einem Unternehmer unwirksam, wenn sie gegen die Generalklausel § 307 BGB verstößt. Dies ist der Fall, wenn der Vertragspartner durch die Klausel unangemessen benachteiligt wird. Insbesondere dann, wenn eine Bestimmung von der gesetzlichen Regelung, die sie ersetzen soll, krass abweicht (§ 307 II Nr. 1 BGB), oder wenn die Erreichung des Vertragszwecks durch die Bestimmung gefährdet wird (§ 307 II Nr. 2 BGB). Nr. 2 hat vor allem in den Fällen Bedeutung, in denen es einen gesetzlichen Vertragstyp überhaupt nicht gibt, z.B. bei Leasing, Franchising, Factoring und anderen Vertragstypen der Rechtspraxis.

Diese Grundsätze über das AGB-Recht genügen für die Erarbeitung einer Lösung zu Fall 31:

Das Vorgehen des Gemüsehändlers Özcan bei der Einführung von AGB für seinen Supermarkt hält den gesetzlichen Anforderungen möglicherweise in mehrerer Hinsicht nicht stand: Für jeden einzelnen Vertrag ist zunächst zu prüfen, ob die AGB wirksam einbezogen sind (Einbeziehungskontrolle). Die Einbeziehung von AGB setzt voraus, dass der geplante Aushang deutlich sichtbar ist (§ 305 II Nr. 1 BGB) und die Kunden vom Inhalt des Aushangs auch zumutbar Kenntnis nehmen können (Nr. 2). Indem Özcan die AGB-Tafel in Fall 36 gleichsam im hinteren Drittel seines Ladengeschäfts versteckt, sind diese Voraussetzungen nicht mehr erfüllt. Die AGB müssen entweder deutlich sichtbar am Eingang oder im Kassenbereich angebracht werden, so dass die Kunden noch vor dem Vertragsschluss an der Ladenkasse von ihnen Kenntnis nehmen können. Werden AGB nicht in den Vertrag einbezogen, so bleibt der Vertrag im Übrigen wirksam (§ 306 II BGB als Ausnahme zu § 139 BGB, wonach Teilnichtigkeit eines Vertrages im Zweifel zur Gesamtnichtigkeit führt).

Hängt Özcan seine AGB-Tafel an prominenter Stelle auf, so bedeutet das noch nicht, dass die AGB auch sämtlich Vertragsbestandteil werden. Denn die AGB müssen auch die weiteren „Filter“ der Inhaltskontrolle passieren. Da sich der Supermarkt vorwiegend an Verbraucher (§ 13 BGB) und nicht wie ein Großmarkt an Unternehmer (§ 14 BGB) richtet, sollte Özcan nur Klauseln aushängen, die den strengeren Vorschriften der §§ 308, 309 BGB standhalten.

Die inhaltliche Seite (Inhaltskontrolle der AGB) ist Thema der nun folgenden Lösung zu Fall 32:

Die AGB, wonach die Verpackung von Schnittblumen kostenpflichtig sein soll, kann als überraschende Klausel (§ 305c I BGB) unwirksam sein. Denn nach Treu und Glauben (§ 242 BGB) erwartet der Kunde, dass er die Schnittblumen nicht „nackt" transportieren muss, sondern diese verpackt erhält. Maßgeblich ist insoweit die Verkehrssitte (§§ 242, 157 BGB), also das Übliche. Danach ist es mittlerweile zwar üblich, für Cellophanverpackung eines Blumenstraußes eine zusätzliche Gebühr zu erheben, gänzlich unüblich ist ein solches Vorgehen aber bei der normalen Papierverpackung. Daher braucht niemand mit zusätzlichen Kosten für eine solche Verpackung zu rechnen. Die Klausel ist unwirksam.

Zu den umfassenden gesetzlichen Klausel-Verboten sollte man einen Überblick verinnerlichen, die Details jedoch dann im Gesetz nachschlagen. Ein Beispiel für ein solches Verbot gibt die Lösung zu Fall 33:

Die Bearbeitungsgebühr bei verspäteter Abholung kann wegen Verstoßes gegen § 309 Nr. 6 BGB unwirksam sein. Nach dieser Vorschrift ist eine in den AGB vorgesehene Vertragsstrafe (auch) für den Fall unwirksam, dass eine verspätete Abnahme der Leistung vorliegt. Die Bearbeitungsgebühr knüpft an die verspätete Abnahme der Ware an und ist somit eine unzulässige Vertragsstrafe. Zwar wird man Özcan zubilligen müssen, dass er sich gegen die verspätete Abholung leicht verderblicher Ware zur Wehr setzen will. § 309 BGB enthält aber nur Klauselverbote ohne Wertungsmöglichkeit, d.h. die AGB ist absolut nichtig, auch wenn sie im Einzelfall einen billigenswerten Zweck verfolgt. Özcan muss sich etwas anderes einfallen lassen, um die Kunden dazu zu bewegen, die Ware pünktlich abzuholen.

Absolute Klausel-Verbote sind für den Bearbeiter angenehm, weil sie leicht festzustellen sind. Relative Klausel-Verbote verlangen dem Bearbeiter eine (mitunter ziemlich schwierige) Wertung ab. Das zeigt auch die Lösung zu Fall 34:

Die Klausel, nach der Özcan eine nicht lieferbare Kartoffelsorte durch eine lieferbare Kartoffelsorte ersetzen kann, kann wegen Verstoßes gegen § 308 Nr. 4 BGB unwirksam sein. Nach dieser Vorschrift darf der Verwender die versprochene Leistung nicht einfach ändern. Dies gilt nur dann nicht, wenn eine solche Änderung dem Vertragspartner zumutbar ist (§ 308 Nr. 4 S. 2 BGB). Was „zumutbar" ist, ist eine Wertungsfrage. Während früher noch der Grundsatz „Kartoffel = Kartoffel" gegolten haben mag, ist heute auch in diesem Bereich wie bei Äpfeln eine zunehmende Differenzierung zu verzeichnen. Dem durchschnittlichen Verbraucher ist keineswegs egal, welchen Geschmack seine Kartoffeln haben und ob sie mehlig- oder festkochend sind. Daher ist der Änderungsvorbehalt unzumutbar und damit auch unwirksam.

Liegt kein Klausel-Verbot nach einer exakten Bestimmung vor, muss der Rechtsanwender sich mit der Generalklausel herumärgern, die ungefähr so bestimmt ist wie die geographische Angabe „irgendwo in China". Wie man damit trotzdem klar kommt, zeigt die Lösung zu Fall 35:

Die Bestimmung, wonach Özcan bei seltenen Obstsorten ein Rücktrittsrecht zusteht, kann wegen Verstoßes gegen § 307 BGB (Generalklausel) unwirksam sein. Da in den §§ 308, 309 BGB der Fall, dass sich der Verwender ein Rücktrittsrecht vorbehält, nicht ausdrücklich erwähnt ist, bleibt insoweit zur Prüfung der AGB nur die Generalklausel übrig. § 307 II Nr. 1 BGB (Abweichung vom gesetzlichen Leitbild) hilft nur bei Typenverträgen weiter, da nur in diesem Fall die gesetzliche Regelung mit der Regelung in den AGB verglichen werden kann. § 307 II Nr. 2 BGB (Einschränkung von Rechten und Pflichten) scheint auf den ersten Blick auch nicht weiter zu helfen: Es werden keine Rechte und Pflichten, die sich aus der Natur des Kaufvertrages (§§ 433 ff. BGB) ergeben, eingeschränkt, sondern es wird ein zusätzliches Recht, nämlich ein Rücktrittsrecht, in den Vertrag eingeführt.

Auf den zweiten Blick liegt aber eine wesentliche Einschränkung von Vertragspflichten vor: Alle Verträge folgen dem Grundsatz pacta sunt servanda (Verträge sind einzuhalten), so dass ein einseitiges Rücktrittsrecht des Verwenders den anderen Vertragsteil immer unangemessen benachteiligt. Da bei seltenen Obstsorten aber tatsächlich ein Beschaffungsrisiko besteht, das Özcan zu Recht nicht tragen will, sollte er eine Dienstanweisung für seine Mitarbeiter herausgeben, mit dem Kunden die Besorgungsmodalitäten für das seltene Obst von Fall zu Fall zu klären und z.B. ausdrücklich „freibleibende" Angebote zu machen.

Leitsatz 11

Allgemeine Geschäftsbedingungen

Allgemeine Geschäftsbedingungen (**AGB**) erleichtern den Vertragsschluss für eine Vielzahl von Geschäften, weil nicht jedes Mal alles wieder ausgehandelt werden muss. Sie bergen aber die Gefahr, dass eine Seite die andere Seite durch die AGB über den Tisch zieht. Daher werden AGB-Klauseln nicht ohne weiteres Bestandteil eines Vertrages.

1. Sie müssen deutlich in den Vertrag **einbezogen** werden (Einbeziehungskontrolle; § 305 II BGB).

2. Sie dürfen **nicht überraschend** sein (Unwirksamkeit überraschender Klauseln; § 305c I BGB).

3. Bei Verbrauchern gibt es einen Katalog von Klauseln, die auf jeden Fall unwirksam sind (**absolut unwirksame AGB**; § 309 BGB).

4. Ebenfalls für Verbraucher gibt es einen weiteren Katalog von Klauseln, die dann unwirksam sind, wenn sie den Vertragspartner über den Tisch ziehen (**relativ unwirksame AGB**; § 308 BGB).

5. Außerdem gibt es eine Regel (die auch Unternehmer schützt), nach denen alle Klauseln unwirksam sind, die den Vertragspartner über den Tisch ziehen (**Generalklausel**; § 307 BGB). Das Recht der AGB besteht nur aus einer Handvoll Paragraphen, füllt aber dicke Handbücher, weil letztlich die Gerichte darüber entscheiden, was man in AGB hineinschreiben darf und was nicht.

Zur konkreten Bearbeitung von AGB-Fällen sowohl für Verbraucher, aber auch für Unternehmer, hier das Prüfschema 4.

Prüfschema 4: Allgemeine Geschäftsbedingungen

Sind bestimmte Klauseln einer Allgemeinen Geschäftsbedingung (AGB) wirksam?

1. Sind die AGB-Bestimmungen insgesamt anwendbar?
   a) **Sachliche Geltung**: Keine Einschränkung nach § 310 IV BGB z.B. kein Familien-, Erb- oder Gesellschaftsrecht, keine Tarifverträge, Betriebs- oder Dienstvereinbarungen?
   b) **Persönlichen Geltungsbereich** der weiteren Prüfung bestimmen: Verbraucher oder Unternehmer?

2. Liegen überhaupt AGB vor (§ 305 I BGB)?
   a) Wurde der Text **vorformuliert**?
   b) Bei Unternehmen (aus § 310 III Nr. 2 BGB): Richtet sich der Text an eine **Vielzahl** von Verträgen?
   c) Wurde der Text vom Verwender **einseitig** gestellt?
   d) Wurden die zu prüfenden Klauseln **nicht** im Einzelfall **ausgehandelt** (§ 305b BGB)?

3. Sind die AGB durch wirksame Einbeziehung Vertragsbestandteil geworden?
   a) Gegenüber **Verbrauchern**
      - ausdrücklicher Hinweis, Möglichkeit der Kenntnisnahme oder Einverständnis (§§ 305 II, III BGB)
      - genehmigte Beförderungsbedingungen etc. des § 305a BGB

   b) Gegenüber **Unternehmen** (§ 310 I S. 1, III Nr. 2 BGB)
      - nach allgemeinen Grundsätzen
      - (Problem: widersprechende AGB → gelten nicht, soweit sie sich widersprechen gem. § 306 II BGB)

4. Besteht die Klausel die Inhaltskontrolle?
   a) allgemeine Auslegung der Klausel
      - Kundenfreundliche Auslegung § 305c II BGB (Zweifel gehen zu Lasten des Verwenders)
      - Transparenzgebot § 307 I S.2 BGB (Unklarheiten gehen zu Lasten des Verwenders)

b) Gegenüber Verbrauchern §§ 307 - 309 BGB
- § 309 BGB: Klauselverbote ohne Wertungsmöglichkeiten (Jeder Verstoß führt zur Unwirksamkeit)
- § 308 BGB: Klauselverbote mit Wertungsmöglichkeit (Unangemessene Regelungen führen zur Unwirksamkeit)
- § 307 BGB: rechtliche Generalklausel (Treu und Glauben; z.B. nicht vereinbar, Vertragszweck gefährdet; Abs. II Nr. 1+2)

c) Gegenüber Unternehmern
- §§ 307, 310 I BGB: nur Generalklausel prüfen (jedoch Indizwirkung von §§ 308, 309 BGB möglich; Handelsrecht mit Handelsbrauch beachten!)

5. Welche Folge hat die unwirksame Klausel?

a) Der Vertrag bleibt im Übrigen wirksam (§ 306 I BGB)

b) Lückenschließung durch Gesetz (§ 306 II BGB)

c) keine geltungserhaltende Reduktion der verbotenen Klausel (diese fällt ganz weg; h.M.)

IV. Abweichungen vom Normalfall

Lektion 10: Geschäftsfähigkeit und Minderjährigkeit

Fall 37

Der Gemüsehändler Özcan arbeitet nur noch von Zeit zu Zeit an vorderster Front in seinem gewachsenen Gemüse-und-mehr-Supermarkt mit. Am Samstag vor dem Muttertag ist ein besonders harter Arbeitstag in der Schnittblumenabteilung. Aus dem benachbarten Altersheim naht der demenzkranke Ludwig, der vergessen hat, dass seine Mutter bereits vor über 20 Jahren verstorben ist. Er erwirbt für 100 € ein großzügiges Bouquet, das er Mama überreichen will.

Fall 38

Wenig später taucht der 14-jährige Martin auf, der von seinem Taschengeld einen Blumenstrauß für seine Mutter mitnimmt und bar bezahlt. Um seinen Vater zu necken, kauft er außerdem einen Kaktus für Papa, den er jedoch in Ermangelung weiterer Reichtümer nicht bar bezahlen kann. Kurz darauf kommt er nach einer heftigen Auseinandersetzung mit dem Vater zurück zu Özcan und möchte den Kaktus wieder loswerden. Özcan besteht darauf, dass Martin seine Schulden bezahlt.

Fall 39

Ebenfalls aus dem Altersheim kommt die an Alzheimer erkrankte und geistig schwer verwirrte Nelly, welche für 5 € einen kleinen Blumenstrauß erwirbt.

Fall 40

Am Nachmittag kommt dann noch der 15-jährige Osman herein, von dem Özcan privat ein Mountainbike zum Ausprobieren geliehen hat, und verlangt es zurück. Özcan ist verstimmt.

Fall 41

Seine Stimmung sinkt noch weiter, als die 16-jährige Verkäuferin Oya erklärt, sie habe jetzt eine besser bezahlte Stelle bei dem Konkurrenten Bio-Grün gefunden und werde im nächsten Monat nicht mehr kommen.

Özcan meint, da hätten ihre Eltern aber auch noch ein Wörtchen mitzureden.

Beginnen wir die Einordnung der Fragen mit einem Leitsatz.

Leitsatz 12

Teilnahme am Rechtsverkehr

Das BGB unterscheidet grundsätzlich drei Stufen der Teilnahme am **Rechtsverkehr**.

- **Rechtsfähigkeit**, also die Fähigkeit eines Menschen Träger von Rechten und Pflichten zu sein (§ 1 BGB) (s. Lektion 1).
- Davon zu unterscheiden ist die **Geschäftsfähigkeit**, also die Fähigkeit, durch eigene Willenserklärungen am Rechtsverkehr teilzunehmen (§§ 104ff. BGB).
- Und nochmal etwas anderes ist die **Deliktsfähigkeit**, also die Pflicht, für Schäden, die man anrichtet, einzustehen (§ 828 BGB).

Unser Thema hier ist die Geschäftsfähigkeit!

Voll geschäftsfähig ist jeder, der 18 Jahre alt (volljährig) und geistig gesund ist (§§ 2, 104, 105, 106 BGB). Geschäftsunfähig ist, wer noch nicht sieben Jahre alt ist (entsp. Kinder, § 104 Nr. 1 BGB) oder infolge einer geistigen Erkrankung nicht Herr seiner Entschlüsse ist (§ 104 Nr. 2 BGB). Dazwischen liegt die Entwicklungsstufe der beschränkten Geschäftsfähigkeit im Alter von 7 bis 18 Jahren (§§ 106 – 113 BGB). Willenserklärungen eines Geschäftsunfähigen sind nichtig (§ 105 I BGB).

Bei Willenserklärungen eines beschränkt Geschäftsfähigen hat das BGB in den §§ 106ff. BGB ein ausdifferenziertes und nicht immer leicht zu verstehendes System des Minderjährigenschutzes geschaffen. Willenserklärungen, durch die der beschränkt Geschäftsfähige lediglich einen rechtlichen Vorteil erlangt, sind wirksam (Umkehrschluss aus § 107 BGB).

Beispiel: Der Minderjährige kann nach § 929 S. 1 BGB unproblematisch durch Übereignung das Eigentum an einer Sache erwerben, denn das ist für ihn lediglich rechtlich vorteilhaft.

Willenserklärungen, durch die der beschränkt Geschäftsfähige nicht lediglich einen rechtlichen Vorteil erlangt, sind schwebend unwirksam, es sei denn, der gesetzliche Vertreter hat sich schon zuvor mit ihnen einverstanden erklärt. Dies ergibt sich aus § 107 BGB. Danach bedarf der Minderjährige für solche Erklärungen der Einwilligung seines gesetzlichen Vertreters. Liegt eine solche vorherige Zustimmung (= Einwilligung, §§ 183, 107 BGB) vor, so ist das Geschäft von Anfang an wirksam. Fehlt sie, so ist die nachträgliche Zustimmung (= Genehmigung, §§ 184, 108 I BGB) erforderlich. Bis zur Genehmigung ist das Geschäft schwebend unwirksam.

Nicht lediglich rechtlich vorteilhaft ist beispielsweise der Abschluss eines Kaufvertrages, denn der Verkäufer muss die Sache hergeben (§ 433 I BGB), der Käufer muss bezahlen (Abs. II). Das bedeutet aufgrund des bereits vorgestellten Trennungs- und Abstraktionsprinzips, dass ein mit einem Minderjährigen abgeschlossener Kaufvertrag unwirksam sein kann, der Minderjährige aber gleichwohl Eigentümer der von ihm unwirksam gekauften Sache wird. Den Ausgleich schafft dann der Anspruch auf Herausgabe einer ungerechtfertigten Bereicherung aus § 812 I S. 1 Alt. 1 BGB, der den Minderjährigen verpflichtet, die zu Unrecht erhaltene Sache wieder zurück zu geben.

Nicht in allen Fällen wird eine Einwilligung im Einzelfall vorliegen. Auch Minderjährige brauchen einen bestimmten Rahmen an wirtschaftlicher Beweglichkeit. Dem trägt das Gesetz mit differenzierten Regelungen zu generellen Einwilligungen Rechnung

Im Rahmen eines Arbeitsverhältnisses kann ein Minderjähriger insoweit unbeschränkt geschäftsfähig handeln, als es um die Eingehung und Aufhebung eines solchen Arbeitsverhältnisses und die Erfüllung aus ihm resultierender Pflichten geht (§ 113 I S. 1 BGB). Werden dem Minderjährigen Mittel (Gelder) überlassen, über die er frei verfügen darf, so sind solche Geschäfte von Anfang an wirksam, die er mit solchen Mitteln vollständig bewirkt hat (§ 110 BGB = Taschengeldparagraf). Außerdem kommt über §§ 110, 113 BGB eine generelle Einwilligung aufgrund bestimmter Lebensumstände in Betracht, etwa dann, wenn der Minderjährige für einige Wochen ins Krankenhaus muss, oder ein Halbjahr alleine im Internat oder als Au-pair im Ausland verbringt. Eine ähnliche Regelung wie den Taschengeldparagraphen 110 BGB für Minderjährige gibt es auch für Geisteskranke, für die § 105a BGB die Wirksamkeit von Geschäften des täglichen Lebens anordnet, sobald Leistung und Gegenleistung vollständig bewirkt sind. Die genannten Vorschriften sind auf zweiseitige Rechtsgeschäfte zugeschnitten, also auf Verträge. Bei einseitigen Rechtsgeschäften, also insbesondere Gestaltungsrechten wie Anfechtung, Rücktritt und Kündigung, ist niemandem ein solcher Schwebezustand (§ 108 I BGB) zumutbar; sie sind daher ohne Einwilligung des gesetzlichen Vertreters unwirksam (§ 111 S. 1 BGB).

Im alltäglichen Rechtsverkehr verlässt man sich darauf, dass die Vertragspartner mündige Bürger sind und wissen, was sie tun. Dass das manchmal problematisch ist, illustriert die Lösung zu Fall 37:

Mit dem Erwerb des Bouquets hat der demenzkranke Ludwig – wie schon dargestellt – insgesamt drei Verträge geschlossen. Einen Kaufvertrag (§ 433 I, II BGB) und zwei Übereignungsverträge über den Blumenstrauß und das zur Bezahlung verwendete Geld (§ 929 S. 1 BGB). Wird Wechselgeld gegeben, so kommen weitere Übereignungsverträge (pro Münze ein Vertrag) hinzu. Grundsätzlich ist die Wirksamkeit eines jeden Vertrages getrennt zu prüfen. Es ist gut möglich, dass ein Vertrag wirksam ist, ein anderer nicht, obwohl es sich nach natürlicher Lebensauffassung um ein und denselben Lebenssachverhalt handelt. Bei Ludwig ist aber ausweislich der Sachverhaltsbeschreibung der Verfall seines Bewusstseins so weit fortgeschritten, dass er sich in einem seine freie Willensbestimmung ausschließenden Zustand krankhafter Störung der Geistestätigkeit befindet (§ 104 Nr. 2 BGB), der zur Geschäftsunfähigkeit und zur Nichtigkeit aller von ihm abgegebenen Willenserklärungen führt (§ 105 I BGB). Demnach sind alle von ihm abgeschlossenen Geschäfte nichtig. Das Geschäft Blumen gegen Geld ist nach § 812 I S. 1 Alt. 1 BGB (Leistungskondiktion) rückabzuwickeln.

Kinder und Jugendliche sind keine mündigen Bürger, jedenfalls nicht so ganz. Wie hier zu differenzieren ist, zeigt die Lösung zu Fall 38:

Hinsichtlich der Geschäfte des 14-jährigen Martin ist zu unterscheiden: Der Blumenstrauß für die Mutter wurde mit Mitteln erworben und bezahlt, die Martin zur freien Verfügung überlassen worden waren (§ 110 BGB). Daher ist dieses Taschengeldgeschäft von Anfang an wirksam. Bei dem Kaktus für den Vater handelt es sich hingegen um ein Kreditgeschäft, denn Martin kann nicht bar bezahlen (kein Fall des § 110 BGB). Eine Einwilligung für dieses „Kreditgeschäft“ seitens der Eltern lag nicht vor. Für die Wirksamkeit des Kaufvertrages über den Kaktus, aus dem Özcan Zahlung begehrt (§ 433 II BGB), kommt es daher darauf an, ob der gesetzliche Vertreter den Vertrag genehmigt (§ 108 I BGB). Aufgrund des geschilderten Streits ist die Genehmigung als nicht erteilt anzunehmen. Der Vertrag über den Kaktus ist daher unwirksam, so dass Özcan keine Bezahlung (sondern nur Rückgabe des Kaktus) verlangen kann. Andererseits ist aber die Übereignung des Kaktus an Martin gemäß §§ 929 S. 1, 107 BGB von Anfang an wirksam, da Martin mit dem Eigentum an dem Kaktus lediglich einen rechtlichen Vorteil erlangt. Demnach kann Özcan die Herausgabe des Kaktus nicht als Eigentümer (§ 985 BGB), sondern nur als Gläubiger einer Leistungskondiktion (§ 812 I S. 1 Alt. 1 BGB) verlangen.

Geistig Behinderte wurden früher einmal vom Recht rechtloser gestellt als Kinder und konnten nicht einmal ein Bonbon kaufen. Mit der Einführung von § 105a BGB ist das etwas besser geworden, wie die Lösung zu Fall 39 zeigt:

Der Fall der schwer verwirrten Nelly ähnelt auf dem ersten Blick dem Fall Ludwig. Hier handelt es sich aber nicht um ein Bouquet für 100 €, sondern um ein bescheidenes Sträußchen für 5 €. Also greift § 105a BGB ein.

Es handelt sich um ein Geschäft des täglichen Lebens einer volljährigen Geschäftsunfähigen, das mit geringen Mitteln bewirkt werden kann, und bei dem Leistung und Gegenleistung bewirkt worden sind. Das von Nelly abgeschlossene Geschäft ist also wirksam.

Zurück ins Minderjährigenrecht führt uns die Lösung zu Fall 40:

Im Fall Osman verlangt der 15-jährige von Özcan das ausgeliehene Mountainbike zurück. Leihe (§ 598 BGB) ist die unentgeltliche Überlassung einer Sache auf Zeit im Gegensatz zur Überlassung einer Sache auf Zeit gegen Entgelt (Mietvertrag, § 535 BGB). Bei Ende des Leihvertrages muss die Sache zurückgegeben werden (§ 604 I, 2 BGB). Der Verleiher kann die Leihe nach Maßgabe des § 605 BGB kündigen. Die Kündigung ist eine einseitige empfangsbedürftige Willenserklärung und Ausübung eines Gestaltungsrechts. Nach § 111 S. 1 BGB ist das einseitige Rechtsgeschäft eines Minderjährigen ohne erforderliche Einwilligung des gesetzlichen Vertreters unwirksam. Demnach könnte Osman den Leihvertrag mit Özcan nicht kündigen. Dieses Ergebnis ist aber unbefriedigend. Während

Leitsatz 13

Minderjährige und Geschäftsfähigkeit

Das Gesetz unterscheidet zwischen **Geschäftsfähigen** (>18), **Geschäftsunfähigen** (<7) und **beschränkt Geschäftsfähigen** (7 - 18).

- Willenserklärungen von Geschäftsfähigen sind **wirksam**,
- solche von geschäftsunfähigen Minderjährigen sind **unwirksam** (§§ 104, 105 BGB).
- Bei beschränkt geschäftsfähigen Minderjährigen (§§ 106 ff.) wird sortiert nach rechtlich **vorteilhaft** (wirksam) und rechtlich **nicht nur vorteilhaft** bzw. nachteilig (mit verschiedenartigen Zustimmungsmöglichkeiten der Eltern wirksam).

Osman bei einer Vermietung des Fahrrades durch die Kündigung den Anspruch auf künftigen Mietzins verlieren würde, verliert er bei einer Leihe durch die Kündigung nichts: Er bekommt lediglich sein Fahrrad zurück. Deshalb ist § 111 S. 1 BGB entgegen seinem zu weit gefassten Wortlaut zu korrigieren (teleologisch zu reduzieren): Bringt das einseitige Rechtsgeschäft dem Minderjährigen lediglich einen rechtlichen Vorteil (Rechtsgedanke des § 107 BGB), so ist es wirksam. Osman kann die Leihe also kündigen, ohne dass er dazu seine Eltern braucht (eine andere Auffassung ist vertretbar, weil Osman mit der Kündigung den Anspruch gegen den Entleiher auf sorgfältige Verwahrung verlieren kann).

Minderjährige können nicht nur Willenserklärungen abgeben, sondern auch welche empfangen. Ob ein solcher Empfang wirksam ist, kann fraglich sein, wie die Lösung zu Fall 41 zeigt:

Bei Oya wäre die Kündigung des Arbeitsverhältnisses nach §§ 107, 111 BGB ohne Einwilligung des gesetzlichen Vertreters unwirksam. Denn anders als bei der Kündigung der Leihe ist bei der Kündigung des Dienstvertrages auch ein rechtlicher Nachteil dabei, nämlich der Verlust des Vergütungsanspruchs für die Zukunft (§ 611 I Alt. 2 BGB). Nun haben aber Oyas Eltern der Oya erlaubt, ein solches Arbeitsverhältnis einzugehen. Nach § 113 I BGB ist Oya damit unbeschränkt geschäftsfähig im Hinblick auf die Eingehung und Aufhebung gleichartiger Dienst- und Arbeitsverhältnisse geworden. Sie kann also den Vertrag bei Özcan ohne Rücksprache mit ihren Eltern kündigen und eine neue Stelle eingehen.

Anderes gilt nur, wenn das neue Arbeitsverhältnis nicht mehr von der „gestatteten Art“ (§ 113 I BGB) wäre. Will Oya also nicht mehr Verkäuferin sein, sondern als Bartänzerin, Bergführerin oder Bibliothekarin arbeiten, so muss sie die Eingehung des neuen Arbeitsverhältnisses mit ihren Eltern besprechen.

Zum Problemkreis Geschäftsfähigkeit hier nun das Prüfschema für die berühmten Minderjährigen ab sieben Jahren:

Prüfschema 5: Willenserklärungen und Minderjährige ab sieben Jahren

Ist ein Rechtsgeschäft bei einem beschränkt Geschäftsfähigen wirksam?

1. Ist der Erklärende beschränkt geschäftsfähig?
   - ab sieben Jahren und unter 18 (§§ 2, 106 BGB)?
   - keine Sonderregelungen aus dem Familien- oder Erbrecht (z.B. § 1303 BGB, Ehemündigkeit; § 2229 BGB, Testierfähigkeit)

2. Ist die Erklärung wirksam?
   (1) Rechtlich **lediglich vorteilhafte Erklärungen** sind wirksam (§ 107 BGB; Bsp.: Erwerb von Eigentum).
   (2) Rechtlich **nicht nur vorteilhafte** (nachteilhafte) **Erklärungen** (Bsp.: Abschluss eines Kaufvertrages) sind
      a) mit konkreter Zustimmung (Einwilligung/Genehmigung) der gesetzlichen Vertreter (=Eltern) wirksam (§§ 107, 108 BGB)
      b) wirksam bei Taschengeldnutzung (§ 110 BGB)
         - Überlassung zur freien Verfügung
         - vollständig bewirkt
      c) wirksam auf Grund einer generellen elterlichen Erlaubnis für einen selbständigen Betrieb oder ein Dienst- oder Arbeitsverhältnis (beim eigenem Betrieb zusammen mit Amtsgericht) (§§ 112, 113 BGB)
      d) wirksam auf Grund einer generellen elterlichen Einwilligung wegen bestimmter Lebensumstände (Bsp.: einige Wochen Krankenhaus, ein Halbjahr im Internat oder als Au-pair im Ausland) (§§ 110, 113 BGB)

e) wirksam, wenn der Minderjährige volljährig geworden ist und selbst genehmigt hat (§ 108 III BGB).

3. **Einseitige Willenserklärungen** sind unwirksam (Bsp.: Kündigung) (§ 111 BGB). Es sei denn, doch nur vorteilhaft, dann wirksam (h.M.).

Hin und wieder tauchen auch in Fällen aber auch die völlig Geschäftsunfähigen auf. Das Prüfschema dazu ist recht einfach.

Prüfschema 6: Willenserklärungen, Geschäftsunfähigkeit (0 – 6 Jahre, Gestörte)

1. Ist der Erklärende geschäftsunfähig?

   - Kind unter sieben Jahren (also 0 bis 6; § 105 Nr. 1 BGB)
   - Dauerhaft geisteskrank (§ 104 Nr. 2 BGB)
   - Bewusstlos oder vorübergehend geistesgestört (Gleichstellung gem. § 105 II BGB)

2. Ist die Erklärung wirksam?

   a) Geschäfte des täglichen Lebens bei Erwachsenen (§ 105a BGB)

      1. Alltägliches Geschäft
      2. Geringwertige Mittel
      3. Leistung und Gegenleistung bewirkt
      4. Keine Gefahr für das Vermögen

   → **wirksam** (keine Rückabwicklung), darüber hinaus aber unwirksam z.B. in Bezug auf möglichen Schadensersatz

   b) alle weiteren Geschäfte (inkl. aller Erklärungen von unter sieben Jährigen)

   → **nichtig** gem. § 105 I BGB

Lektion 11: Formnichtigkeit und Inhaltsnichtigkeit

Fall 42

In der Obst- und Gemüsebranche gewinnen Bioprodukte aus ökologischem Landbau immer größere Bedeutung. Andererseits hat sich insbesondere beim Mais der Anbau gentechnisch veränderter Sorten soweit durchgesetzt, dass es nach einigen Jahren nur noch einen einzigen Anbieter für Biomais gibt, die Bio-Mais-Welt. Auch der Supermarkt-Betreiber Özcan möchte dort bestellen, wird aber von Bio-Mais-Welt im Gegensatz zu seinen Konkurrenten nicht beliefert.

Fall 43

Özcan beschließt, selbst in die Produktion von Biomais einzusteigen. Um Notarkosten und Grunderwerbsteuer zu sparen, einigt er sich mit dem Landwirt Knolle privatschriftlich, dass dessen Maisplantagen jetzt dem Özcan gehören sollen. Als es an die Maisernte geht, die dieses Jahr besonders einträglich zu werden verspricht, will Knolle davon aber nichts mehr wissen.

Fall 44

Nachdem sich Özcan und Knolle geeinigt haben, dass die Maisplantagen weiterhin Knolle gehören sollen, schließen sie einen Pachtvertrag und vereinbaren dabei, dass dieser nur durch eingeschriebenen Brief gekündigt werden kann. Knolle kündigt nach zwei Jahren per Telefax.

Fall 45

In dem Prozess über das Pachtverhältnis kommen Knolle und Özcan auf die Idee, die Maisplantagen nun doch endgültig auf Özcan zu übertragen. Sie schließen daher einen gerichtlichen Vergleich, dem zufolge Özcan die Maisplantagen – die in dem Vergleich genau benannt sind – von Knolle zu einem festgelegten Kaufpreis erwirbt.

Der Grundsatz der Vertragsfreiheit beherrscht das geltende Recht. Zur Erinnerung: Es gilt die Freiheit des Ob (Abschlussfreiheit), des Was (Inhaltsfreiheit) und des Wie (Formfreiheit). Indes sind diesen Freiheiten durch die Rechtsordnung Grenzen gesetzt, wo gegenüber der allgemeinen Handlungsfreiheit (Art. 2 I GG) andere vorrangige Interessen Dritter und der Allgemeinheit zu berücksichtigen sind.

Die Abschlussfreiheit wird dann eingeschränkt, wenn ein Zwang zum Abschluss eines Vertrages (Kontrahierungszwang) besteht. So ergibt sich aus einer marktbeherrschenden Stellung eines Unternehmens dessen Pflicht, andere Unternehmen nicht zu behindern (§ 20 Gesetz gegen Wettbewerbsbeschränkungen - GWB). Diese Pflicht kann bis zu einem Abschlusszwang des marktbeherrschenden Unternehmens gehen. Außerhalb des Anwendungsbereichs des GWB wird aus § 826 BGB (Verbot der vorsätzlichen sittenwidrigen Schädigung) die Pflicht abgeleitet, Verträge abzuschließen, wenn deren Verweigerung sich gegenüber dem nicht akzeptierten Vertragspartner als sittenwidrige Schädigung darstellen würde.

Die Inhaltsfreiheit wird zum einen - wie bekannt - durch das Recht der Allgemeinen Geschäftsbedingungen (§§ 305 - 310 BGB) eingeschränkt, zum anderen durch die Nichtigkeit von Geschäften, die gegen ein gesetzliches Verbot (§ 134 BGB) oder gegen die guten Sitten (§ 138 BGB) verstoßen. Dazu später mehr.

Besonders tückisch für den Rechtsanwender, insbesondere für den Lernenden, sind als Ausnahmen der Formfreiheit gesetzliche Formzwänge. Diese Formzwänge finden sich nämlich nicht im AT des BGB, sondern gleichmäßig verteilt über die ganze Rechtsordnung, so dass der Rechtsanwender sich von Fall zu Fall vergewissern muss, ob ein Formgebot besteht, dessen Missachtung zur Nichtigkeit des jeweiligen Vertrages oder sonstigen Rechtsgeschäfts führt. Im Allgemeinen Teil, dort in § 125 S. 1 BGB, wird nur knapp bestimmt, dass ein Rechtsgeschäft, das der durch Gesetz vorgeschriebenen Form ermangelt, nichtig ist. Wichtige Formgebote zeigt die folgende Übersicht 8:

Übersicht 8: Wichtige Formgebote

- **Grundstücksverträge** bedürfen der notariellen Beurkundung (§ 311b BGB)
- **Verbraucherdarlehensverträge** müssen schriftlich abgeschlossen werden (§ 492 I S. 1 BGB)
- Ein **Schenkungsversprechen** ist nur verbindlich, wenn es notariell beurkundet ist (§ 518 I S. 1 BGB)

→

- **Mietverträge** über Wohnraum für längere Zeitabschnitte als ein Jahr müssen schriftlich geschlossen werden, sonst gelten sie auf unbestimmte Zeit (§ 550 S. 1 BGB).
- Die **Kündigung des Mietverhältnisses** bedarf der Schriftform (§ 568 I BGB)
- Die **Kündigung eines Arbeitsverhältnisses** bedarf ebenfalls der Schriftform (§ 623 BGB). Die Mitteilung des Arbeitgebers, man brauche gar nicht mehr zu kommen, ist, wenn in mündlicher Form erfolgt, bedeutungslos.
- Die **Bürgschaft** muss schriftlich erteilt werden (§ 766 S. 1 BGB)
- Die **kaufmännische Bürgschaft** ist hingegen formfrei (§ 350 Handelsgesetzbuch - HGB)
- Ein privater **Vergleich** ist formfrei (§ 779 BGB), bei einem gerichtlichen Vergleich müssen die Erklärungen der Vergleichsparteien in ein nach den Vorschriften der Zivilprozessordnung errichtetes Protokoll aufgenommen werden (§ 127a BGB) – dafür ersetzt der gerichtliche Vergleich sogar die strengste Form der notariellen Beurkundung.
- Ein **Schuldversprechen** oder **Schuldanerkenntnis** hat schriftlich zu erfolgen (§§ 780, 781 BGB)

Aber noch einmal weg von der Form und zurück zu der Frage, ob man bei der Vertragsfreiheit wirklich ganz so frei ist (Abschlussfreiheit; Lösung zu Fall 40):

Es ist fraglich, ob Özcan gegen den Lieferanten Bio-Mais-Welt einen Anspruch auf Abschluss eines Kaufvertrages (§ 433 BGB) über die Lieferung von Mais hat. Wohlgemerkt geht es hier nicht um Ansprüche aus einem bestehenden Kaufvertrag, sondern um die Frage, ob ein Anspruch auf den Abschluss eines solchen Vertrages bestehen kann. Kartellrechtliche Vorschriften sollen hierbei außer Betracht bleiben. Ein solcher Anspruch kann sich aus § 826 BGB (sittenwidrige vorsätzliche Schädigung) ergeben. Hiernach macht sich schadensersatzpflichtig, wer einem anderen in einer gegen die guten Sitten verstoßenden Weise Schaden zufügt. Nach § 249 I BGB hat der Schadensersatzpflichtige den Zustand herzustellen, der ohne die zum Schadensersatz verpflichtende Handlung bestehen würde (Naturalrestitution). Demnach kann ein Anspruch auf Abschluss eines Vertrages bestehen, wenn die Weigerung, einen solchen Vertrag abzuschließen, sich als Verstoß gegen die guten Sitten darstellt. Vorliegend hatte der in Aussicht genommene Vertragspartner eine so starke marktbeherrschende Stellung, dass Özcan seine Tätigkeit als Gemüsehändler nicht mehr Erfolg versprechend betreiben kann, wenn er nicht gerade auch von diesem Lieferanten beliefert wird. Daher besteht ausnahmsweise entgegen den Grundsatz der Vertragsfreiheit ein Kontrahierungszwang. Özcan kann die Lieferung verlangen.

Von der Abschlussfreiheit noch einmal zur Formfreiheit. Es liegt auf der Hand, dass Grundstücke nicht einfach formfrei am Biertisch übertragen werden können. Die Lösung zu Fall 43 setzt sich mit den Formerfordernissen bei Grundstücksgeschäften auseinander:

In dem Streit zwischen Özcan und Knolle ist fraglich, wem die Maisernte zusteht. Grundsätzlich gehören Erzeugnisse der Sache (Früchte) zur Sache (§ 99 I BGB). Entscheidend ist demnach die Frage, wer Eigentümer der Maisplantage ist. Denn dem Eigentümer steht die Ernte zu (§ 953 BGB). Ursprünglich war Knolle Eigentümer der Maisplantage. Allerdings kann Özcan das Eigentum an dem Grundstück durch Auflassung und Eintragung nach §§ 873 I, 925 I BGB erworben haben. Aber schon die Auflassung begegnet Zweifeln, da sie nur privatschriftlich vereinbart ist. Nach § 311b I S. 1 BGB bedürfen Grundstücksübertragungsverträge der notariellen Beurkundung. Dem entsprechend genügt ein privatschriftlicher Vertrag nicht dem gesetzlichen Formgebot. Ein Geschäft, das der gesetzlich vorgeschriebenen Form nicht entspricht, ist nichtig (§ 125 S. 1 BGB). Daher ist Knolle immer noch Eigentümer des Grundstücks. Ihm und nicht Özcan gebührt die Maisernte.

Etwas anderes kann sich ausnahmsweise aus dem Grundsatz von Treu und Glauben (§ 242 BGB) ergeben. Dies insbesondere dann, wenn eine Partei die andere Partei arglistig über bestehende gesetzliche Formvorschriften täuscht. Dies ist etwa im Verhältnis zwischen einer Wohnungsbaugesellschaft und dem arglosen Erwerber einer Eigentumswohnung anzunehmen. Hier aber handelt es sich um zwei Geschäftsleute, die Notarkosten und Grunderwerbsteuer einsparen wollten. Wer sich bewusst außerhalb der Formerfordernisse der Rechtsordnung stellt, bekommt auch nicht ihren Schutz. Demnach widerspricht es nicht Treu und Glauben, wenn Knolle sich gegenüber Özcan auf die Formnichtigkeit des privatschriftlichen Grundstücksgeschäfts beruft.

Wir erinnern uns, dass sich Formvorschriften aus dem Gesetz ergeben können, aber auch aus einer Vereinbarung der Parteien eines Vertrages. Mit dieser Erinnerung wagen wir uns an die Lösung zu Fall 44:

In diesem Fall ist fraglich, ob eine wirksame Kündigung des abgeschlossenen Pachtvertrages vorliegt. Die Kündigung wurde per Telefax erklärt. Vereinbart war jedoch, dass eine Kündigung durch eingeschriebenen Brief erfolgen müsse. Während es im vorigen Fall um die Verletzung der durch Gesetz vorgeschriebenen Form ging, die stets zur Nichtigkeit führt (§ 125 S. 1 BGB), geht es vorliegend um einen Mangel der vereinbarten Form, der nach dem Wortlaut des Gesetzes „im Zweifel gleichfalls Nichtigkeit zur Folge“ hat. Möchte man ermitteln, ob eine Verletzung vertraglich vereinbarter Formgebote ebenfalls die Nichtigkeit zur Folge hat, die möglicherweise für beide Parteien belastend und überraschend ist, so muss man sich an der Funktion (also dem Zweck) des jeweiligen Formgebots orientieren. Der eingeschriebene Brief soll hier sicherstellen, dass das Kündigungsschreiben auch tatsächlich zugegangen ist. Es soll Streit darüber vermieden werden, ob und wann eine Kündigung erfolgt ist (Beweisfunktion). Daher erscheint es zunächst vertretbar, trotz des vereinbarten Einschreibebriefs ein Telefax mit zugehörigem Telefaxsendeprotokoll genügen zu lassen. Diese Auffassung übersieht jedoch, dass das Formgebot noch eine zweite Funktion erfüllt, die durch ein Telefax nicht abgedeckt werden kann. Denn ein eingeschriebener Brief ist eine Verschärfung der Schriftform, bei der eine eigenhändige Namensunterschrift erforderlich ist (§ 126 I BGB – Identifizierungsfunktion). Beim Telefax entfällt eine wichtige Funktion der eigenhändigen Namensunterschrift, nämlich die Identifizierungsfunktion, von wem die Urkunde tatsächlich stammt. Dies kann man beim Brief feststellen, nicht jedoch beim Telefax oder bei einer eingescannten Unterschrift auf einem Computerausdruck. Diese zivilrechtliche Überlegung wird im Zivilprozessrecht symmetrisch gespiegelt. Denn dort wird ein Urkundenbeweis „durch die Vorlegung der Urkunde angetreten“ (§ 420 ZPO). Demnach genügt das Telefax im vorliegenden Fall nicht der vereinbarten Form und die Kündigung ist unwirksam. Je nach Lauf der Kündigungsfristen kann sich dadurch der Pachtvertrag erheblich verlängern.

Fehlt eine eigentlich erforderliche Form, kann das Geschäft trotzdem wirksam sein. Wie das geht, zeigt beispielhaft die Lösung zu Fall 45:

Wieder handelt es sich um eine Grundstücksübertragung, für die nach § 873 I, 925 I BGB Einigung (Auflassung) und Eintragung in das Grundbuch erforderlich sind. Aus dem Gesetz ergibt sich, dass § 311b I S. 1 BGB für einen Grundstückskaufvertrag die notarielle Beurkundung vorsieht, und dass für eine Heilung des formunwirksamen Grundstückkaufvertrags die Auflassung nicht genügt, sondern die Heilung erst mit der Eintragung in das Grundbuch erfolgt (§ 311b I S. 2 BGB). Vorliegend sind Grundstückskaufvertrag (§ 433 BGB) und Grundstücksübereignung (§§ 873 I, 925 I BGB) – also Verpflichtungsgeschäft und Erfüllungsgeschäft – in eine Urkunde aufgenommen. Diese ist aber nicht notariell beurkundet.

Bevor man das Geschäft nun als unwirksam behandelt, sollte man § 127a BGB entdecken. Danach wird die notarielle Beurkundung bei einem gerichtlichen Vergleich durch die Aufnahme der Erklärungen in das Sitzungsprotokoll ersetzt. Demnach ist ein in einem gerichtlichen Vergleich enthaltenes Grundstücksgeschäft wirksam.

Die existierenden Formen, veranschaulicht die Übersicht 9.

Übersicht 9: Arten der Form

Form	§§	Beispiel/Info
Schriftform	§ 126 BGB	Kündigung eines Arbeitsverhältnisses
elektronische Form	§ 127 II BGB	nur durch Rechtsgeschäft bestimmbar
fortgeschrittene elektronische Form	§ 127 III BGB	wie Abs. II und einfache elektronische Signatur
(qualifizierte) elektronische Form	§ 126a BGB, § 2 Nr. 3 SigG (Signaturgesetz)	qualifizierte elektronische Signatur
Textform	§ 126b BGB	Brief, E-Mail, Fax, SMS

notarielle Beurkundung	§ 128 BGB	Übertragung von Grundstücken
öffentliche Beglaubigung	§ 129 BGB	Unterschriftsbeglaubigung durch Notar
gleichzeitige Anwesenheit	§ 1310 BGB	Eheschließung vor Standesbeamten
Gesamtschriftform	§ 2247 BGB	Testament
gerichtlicher Vergleich	§ 127a BGB	ersetzt die notarielle Beurkundung

Die verschiedenen Funktionen der Form als Grundlage der jeweiligen Notwendigkeit die zeigt Übersicht 10.

Übersicht 10: Funktion der Formvorschriften

- **Kontrollfunktion** – Beispiel: Grundbuch; Handelsregister; Güterrechtsregister
- **Aufklärungsfunktion** – Rechtsinformation
- **Warnfunktion** – Übereilungsschutz
- **Beweisfunktion** – Rechtssicherheit

Genug zu Formproblemen. Schauen wir uns jetzt einige Fälle an, die den Inhalt von Rechtsgeschäften betreffen:

Fall 46

Özcans Tochter Aisha macht ihrem Vater Sorgen. Um ihr Taschengeld aufzubessern, hat sie bei einem Lieferanten eine Kiste mit Ecstasy-Pillen zum Weiterverkauf bestellt. Der Lieferant besteht auf der (teuren) Bezahlung.

Fall 47

Außerdem hat die (volljährige) Aisha bei der Bank Shark & Brothers einen Konsumentenkredit mit einer jährlichen Verzinsung von 33 % aufgenommen. Sonst wollte ihr niemand ein Darlehn geben. Shark & Brothers fordert die fälligen Zinsen.

Ein Rechtsgeschäft kann nicht nur daran scheitern, dass es der vorgeschriebenen Form nicht entspricht (§§ 125 ff. BGB), sondern auch daran, dass sein Inhalt in Widerspruch zur Rechtsordnung steht und diese das Geschäft daher nicht anerkennt (§§ 134 ff. BGB).

Bedeutsam sind hier vor allem zwei Vorschriften, nämlich die Nichtigkeit eines Rechtsgeschäfts, das gegen ein gesetzliches Verbot verstößt (§ 134 BGB), und die Nichtigkeit eines Rechtsgeschäfts, das gegen die guten Sitten verstößt (§ 138 I BGB).

Gesetzesverstöße sind in der Regel leicht festzustellen, denn Gesetz im Sinne des BGB ist jede Rechtsnorm (Art. 2 EGBGB). Insbesondere Vorschriften des Verwaltungsrechts und Strafdrohungen des Strafrechts können dazu führen, dass einem Rechtsgeschäft die rechtliche Anerkennung im Zivilrechtsverkehr versagt werden muss. Allerdings führt nicht jede Gesetzesverletzung automatisch zur Nichtigkeit des abgeschlossenen Rechtsgeschäfts. Es muss vielmehr so sein, dass die verletzte Vorschrift gerade das Ziel hat, Rechtsgeschäfte der betreffenden Art zu verhindern. Wird beispielsweise in einer Apotheke am Sonntag ein Schönheitspflegeprodukt verkauft, so verstößt dies gegen § 4 I S. 2 Ladenschlussgesetz, denn Apotheken dürfen zwar immer offen haben (S. 1), aber außerhalb normaler Ladenschlusszeiten nur Arzneimittel und einige andere Produkte verkaufen, aber keine Schönheitspflege. Da aber die Geldbußenandrohung in § 24 Ladenschlussgesetz im Allgemeinen zur Durchsetzung des Ladenschlussgesetzes ausreicht, dürfte auch der Erwerb von Schönheitspflege am Sonntag in einer Apotheke wirksam sein.

Anders verhält es sich, wenn die gesetzliche Vorschrift gerade das Ziel hat, nicht nur die äußeren Umstände des Geschäfts, sondern das Geschäft selbst zu verhindern. Nach § 259 I StGB ist die Hehlerei eine Straftat. Der Gesetzeszweck von § 259 I StGB kann nur erreicht werden, wenn nach § 134 BGB die Nichtigkeit von Kaufverträgen zwischen dem Dieb und dem Hehler angenommen wird. Ansonsten könnte der Hehler den Dieb aus einem wirksamen Kaufvertrag (§ 433 I BGB) auf Lieferung des Diebesgutes verklagen, was ein sehr merkwürdiges Ergebnis und mit dem Gebot der Einheit der Rechtsordnung nicht zu vereinbaren wäre.

Noch schwieriger als bei einem Gesetzesverstoß (§ 134 BGB) ist die Rechtslage bei einem Verstoß gegen die **guten Sitten** zu beurteilen (§ 138 I BGB). Konnte die Rechtsprechung früher den Begriff der guten Sitten noch mit dem **Anstandsgefühl aller billig und gerecht Denkenden** übersetzen und darauf hoffen, dass jeder wusste, was gemeint war, so ist heute im **Pluralismus** eine herrschende Sozialmoral in vielen Lebensbereichen praktisch nicht mehr zu ermitteln.

In Übungsaufgaben und Prüfungsklausuren werden daher in der Regel nur solche Verstöße gegen die guten Sitten vorkommen, bei denen sich eine Wertung nicht frei schwebend aus der Fantasie des Kandidaten oder der zufälligen Kenntnis einer BGH-Entscheidung ergibt, sondern aus der mittelbaren Drittwirkung der Grundrechte des Grundgesetzes, die ins Privatrecht ausstrahlen, und daher jedes Geschäft als Verstoß gegen die guten Sitten erscheinen lassen, bei dem ein Privater gegenüber einem anderen Privaten in Grundrechte massiv eingreift.

Sittenwidrig sind daher alle Geschäfte, die sich gegen die **Menschenwürde** richten (Art. 1 I S. 1 GG). Ebenso alle Geschäfte, durch welche die **allgemeine Handlungsfreiheit** einer Vertragspartei unerträglich eingeengt wird (Art. 2 I GG), was die Rechtsprechung insbesondere bei Knebelungsverträgen mit exklusiver Vertragsbindung und langer Vertragsdauer sowie bei Bürgschaften vermögensloser Familienangehöriger und anderer nahe stehender Personen angenommen hat. Ebenso sittenwidrig wären Geschäfte, die sich gegen die **Glaubensfreiheit** (Art. 4 I GG) oder gegen die **Wissenschaftsfreiheit** (Art. 5 III GG) richten würden, also die Zahlung von Geld für einen Kirchenaustritt oder ein falsches wissenschaftliches Gutachten. Jedenfalls Letzteres soll in der Praxis häufig vorkommen.

Nach Art. 9 III S. 2 GG sind außerdem Maßnahmen gegen **Arbeitgeberverbände und Gewerkschaften** rechtswidrig. Hier liegt ein **gesetzliches Verbot** (§ 134 BGB) vor, so dass es des Umwegs über die guten Sitten (§ 138 BGB) nicht bedarf. Im Übrigen ist die Bejahung oder Verneinung eines Verstoßes gegen die guten Sitten eine Frage der Abwägung im Einzelfall und damit einer überzeugenden Argumentation.

Grundsätzlich führen nichtige Bestimmungen zur **Nichtigkeit des ganzen Rechtsgeschäfts** (§ 139 BGB). Allerdings ist zu Prüfen, ob anzunehmen ist, dass es auch **ohne** den **nichtigen Teil** vorgenommen worden sei. In diesem Fall, etwa wenn die Nichtigkeit nur eine unbedeutende Nebensache betrifft, ist das Rechtsgeschäft trotzdem wirksam; aber eben nur ohne den nichtigen Teil (§ 139 BGB). Etwas anderes gilt hier im Recht der Allgemeinen Geschäftsbedingungen. Dort ist gem. § 306 BGB immer nur die betroffene Klausel nichtig und der Vertrag bleibt im Übrigen wirksam.

In einzelnen Fällen kann es zudem geboten sein, ein nichtiges Rechtsgeschäft in ein wirksames Rechtsgeschäft umzudeuten, wenn in dem nichtigen Geschäft ein wirksames Geschäft gleichsam enthalten ist (§ 140 BGB). Der wohl häufigste Fall betrifft das Arbeitsrecht: Ist eine fristlose Kündigung unwirksam, weil es an einem wichtigen Grund fehlt oder die Zwei-Wochen-Frist nicht eingehalten wurde (§ 626 BGB), so kann die fristlose Kündigung immer noch als ordentliche Kündigung mit den gesetzlichen Kündigungsfristen (§ 622 BGB) wirksam sein.

Leitsatz 14

Unwirksamkeit, Nichtigkeit

Im Gesetz werden die beiden Begriffe fast gleich genutzt. Die Lehre hat jedoch einen feinen Unterschied entwickelt:

Unwirksamkeit → Rechtsakt (Willenserklärung, Vertrag etc.) war zunächst wirksam, aber auf Grund späterer Ereignisse unwirksam, ggf. Heilung.

Nichtigkeit → Rechtsakte von Anfang an ohne Rechtswirkung, keine Heilung möglich

Mit dieser Definition können wir die aufgezeigten Nichtigkeitsgründe in Leitsatz 15 festhalten und anschließend in ein Prüfschema gießen.

Leitsatz 15

Nichtigkeit im AT

Rechtsgeschäfte können aus einer großen Zahl von Gründen nichtig sein (z.B. nichtige Eheschließung, §§ 1324 ff. BGB). Hier die Gründe des Allgemeinen Teils für eine Nichtigkeit (von Anfang an).

1. Nichtigkeit kann sich daraus ergeben, dass eine Willenserklärung in dem Rechtsgeschäft steckt, die von einem **Geschäftsunfähigen** stammt (Kind <7; Geistesgestörtem) (§ 104 ff).

2. Nichtigkeit kann sich auch daraus ergeben, dass Gesetz oder Vertrag bestimmte Formen vorschreiben, die aber nicht eingehalten worden sind (**Formnichtigkeit**) (§ 125 BGB).

3. Desweiteren kann sich Nichtigkeit auch daraus ergeben, dass das Geschäft von der Rechtsordnung missbilligt wird (**Inhaltsnichtigkeit**), weil (a) ein Verstoß gegen ein Gesetz (gesetzliches Verbot) (§ 134 BGB) oder (b) ein Verstoß gegen die guten Sitten (Sittenwidrigkeit) (§ 138 I BGB) vorliegt.

4. Schließlich kann Nichtigkeit auch aus der großen Willkür-Keule **Treu und Glauben** des § 242 BGB (aus dem Schuldrecht) hergeleitet werden.

Das System der aufgezeigten Nichtigkeitsgründe nun als Prüfschema:

Prüfschema 7: Nichtigkeit im AT

A) Rechtsgeschäft Nichtig?

▶ **Geschäftsfähigkeit**
- Willenserklärung von Kindern jünger als sieben (§§ 104 ff. BGB)
- Willenserklärung von Geistesgestörten (§§ 104 ff. BGB)

▶ **Formnichtigkeit**
- Mangel der gesetzlichen Form (§ 125 S.1 BGB)
- Mangel der vertraglich vereinbarten Form (§ 125 S. 2 BGB)

- **Inhaltsnichtigkeit**
  - Gesetzwidrigkeit (§ 134 BGB)
  - Sittenwidrigkeit (§ 138 BGB)

- **Treu und Glauben** (§ 242 BGB)
  - Durchsetzung des Anspruchs würde gegen Treu und Glauben verstoßen
  - Berufung auf die Nichtigkeit würde gegen Treu und Glauben verstoßen

B) Rechtsfolge?

a) Vollständig nichtig:
- Grundsätzlich: Im Ganzen nichtig
- Ausnahme: Umdeutung, wenn wirksames Geschäft gleichsam enthalten (§ 140 BGB)

b) Nur nichtige Bestimmungen:
- Grundsätzlich: **Nichtigkeit** des ganzen Rechtsgeschäfts (§ 139 BGB)
- Ausnahme: Wirksamkeit, wenn anzunehmen, dass auch ohne den nichtigen Teil vorgenommen (§ 139 BGB)
- AGB: nur die Klausel ist nichtig (§ 306 BGB)

Die Rechtsordnung schützt die Vertragsfreiheit. Aber jede Freiheit hat nun einmal ihre Grenzen. Eine solche Grenze zeigt die Lösung zu Fall 46:

Instinktiv ahnt man, dass der Lieferant des Ecstasy keinen Anspruch auf Bezahlung der gelieferten Drogen aus dem Kaufrecht (§ 433 II BGB) haben kann. Denn nach § 134 BGB ist ein Rechtsgeschäft, das gegen ein gesetzliches Verbot verstößt, nichtig. Vorliegend findet sich ein solches Verbot in § 29 I Nr. 1 BtMG (Strafbarkeit des Drogenhandels nach dem Betäubungsmittelgesetz), Anlagen I – III zum BtMG, welche die Stoffe enthalten, die nicht verkehrsfähig, nicht verschreibungsfähig oder verschreibungspflichtig sind, und die daher nicht frei gehandelt werden dürfen. Die Wirksamkeit dieses Verbots kann auch tatsächlich nur erreicht werden, wenn die Nichtigkeit jedes Drogengeschäfts angenommen wird. Anders als bei einem Verstoß gegen die Ladenschlusszeiten richtet sich hier der Wille des Gesetzgebers nämlich nicht nur gegen die Umstände des Vertragsschlusses, sondern gegen den Inhalt des Geschäfts selbst:

Drogenhandel soll nicht stattfinden. Demnach steht dem Lieferanten des Ecstasy gegen Aisha kein Kaufpreisanspruch zu. Im Übrigen kann der Verkäufer gegen Aisha auch keine Ansprüche auf Herausgabe (§ 985 BGB) oder auf Ausgleich einer ungerechtfertigten Bereicherung (§ 812 I S. 1 Alt. 1 BGB) geltend machen, da Aisha gesetzlich verpflichtet ist, die Pillen in Gegenwart von zwei Zeugen zu vernichten (§ 16 I S. 1 BtMG).

Zum gesetzlichen Verbot nun die Übersicht 11.

Übersicht 11: Gesetzliches Verbot (§ 134 BGB)

- **Verbotsgesetz** aus
  - Zivilrecht -Verfassungsrecht -Strafrecht -Verwaltungsrecht
- Das Verbotsgesetz muss gerade die **Durchführung** dieses Geschäfts inhaltlich **missbilligen**
- Folge:
  - **Nichtigkeit** des Verpflichtungsgeschäfts
  - zudem ausnahmsweise trotz Abstraktionsprinzip: **auch** Nichtigkeit des **Erfüllungsgeschäfts**

Und auch dort, wo das Gesetz kein ausdrückliches Verbot aufstellt, darf man manchmal an einem wirksamen Vertrag zweifeln, wenn eine Seite die andere über den Tisch zieht. Darum geht es in der nun folgenden Lösung zu Fall 47:

Bei der Kreditaufnahme Aishas bei Shark & Brothers stellt sich die Frage ob ein wirksamer Darlehensvertrag zustande gekommen ist, und ob aus diesem Vertrag ein Anspruch auf Zinszahlung in der begehrten Höhe besteht. Ein Anspruch auf Zinszahlung kann sich aus einem wirksamen Darlehensvertrag (§ 488 I S. 2 BGB) ergeben.

Die Unwirksamkeit des Darlehensvertrages – oder jedenfalls der Zinsabrede – kann sich indes aus einem Verstoß gegen die guten Sitten (§ 138 I, II BGB) ergeben. Hierbei gilt der Grundsatz, dass Zinsen frei vereinbar

Prüfschema 8: Sittenwidrigkeit

Sittenwidrigkeit (§ 138 BGB)

- Sittenverstoß
  - Begründung mit dem „Anstandsgefühl aller billig und gerecht Denkenden" (Sexualmoral; Wirtschaftsmoral)
  - Begründung mit den Grundrechten einer Partei („Drittwirkung der Grundrechte")
  - Begründung mit den Rechten eines Dritten („Verleitung zum Vertragsbruch")
  - eigenständige Fallgruppe: Wucher im Kreditgeschäft; Zinsen: simple Vergleichsrechnung mit dem Marktzins; Bürge/Mithaftender: krasse finanzielle Überforderung
- die guten Sitten müssen gerade die Durchführung dieses Geschäfts inhaltlich missbilligen
- **Folge:** Nichtigkeit des Verpflichtungsgeschäfts (keine „geltungserhaltende Reduktion")
  - Ausnahme: bei sittenwidrigen AGB bleibt das Geschäft zu den gesetzlichen Bestimmungen ohne die unwirksame AGB im übrigen wirksam
  - Ausnahme: bei Kreditverträgen wird nur der Zinsanspruch unwirksam
- ausnahmsweise: trotz „Abstraktionsprinzip" auch Nichtigkeit des Erfüllungsgeschäfts

sind, dass sie aber dann nicht mehr wirksam vereinbart sind, wenn sie eine Höhe überschreiten, die von der Rechtsprechung immer wieder neu festgelegt wird.

Ein **auffälliges Missverhältnis zwischen Leistung und Gegenleistung**, das zur Nichtigkeit der Zinsabrede führt, wird derzeit angenommen, wenn der marktübliche Effektivzins um 100 % relativ (also das Doppelte) oder um 12 % absolut (also 12 % mehr) überstiegen wird. Geht man davon aus, dass Kreditzinsen für Konsumentenkredite zwischen 5 % und 15 % je nach Bank üblich sind, so wäre jedenfalls bei 30 % die Grenze der relative errechneten Sittenwidrigkeit, und schon bei 27 % die Grenze der absolut errechneten Sittenwidrigkeit erreicht. Daher ist die getroffene Zinsabrede wohl unwirksam.

Allerdings bedarf es immer auch der Ausbeutung einer **Schwächesituation des Unterlegenen**, etwa einer Zwangslage oder schlicht der Dummheit. Hierfür sind die in § 138 II BGB aufgezählten Umstände heranzuziehen. Die Schwächesituation von Aisha lässt sich hier etwa aus jener Situation ableiten, dass sie woanders keinen Kredit bekam. Daher ist – was für ein Glück für Özcan und Tochter – der Konsumentenkreditvertrag nichtig!

Und was folgt daraus? Um dem Verbot sittenwidrig hoher Zinsen Geltung zu verschaffen, hat die Rechtsprechung es nicht zugelassen, nach § 140 BGB eine Umdeutung auf den gerade noch zulässigen Zinssatz vorzunehmen, oder nach § 139 BGB die Gesamtnichtigkeit des Geschäfts anzunehmen. Vielmehr wird dem Gesetzeszweck am besten Rechnung getragen, wenn von einem wirksamen Darlehensvertrag ausgegangen wird, aber ohne Zinsen. Demnach kann Shark & Brothers von Aisha keine Zinsen fordern. Özcan und Aisha liegen sich in den Armen. Nach Ablauf der vereinbarten Laufzeit muss Aisha das Darlehen allerdings zurückzahlen.

Lektion 12: Wille und Erklärung – Irrtum, Drohung, Täuschung

Fall 48

In der Bioszene wird das Angebot verzehrfertiger Lifestyle-Produkte immer marktrelevanter. Der Gemüsehändler Özcan eröffnet daher in der Fußgängerzone eine Frische-Bar, in welcher verzehrfertig zubereitete Salate und eine Vielzahl ausgesuchter Fruchtsaftdrinks für stetigen Kundenzustrom sorgen sollen. Attraktion seines Ladengeschäfts ist eine anspruchsvolle Mixer-Maschine, welche sich dadurch auszeichnet, dass sie das Obst automatisch schält, zerkleinert, presst und schließlich mit dem Saft anderer Obstsorten aus weiteren Kanälen abmischt. Das alles geschieht vollautomatisch, sobald der Knopf für den betreffenden Drink gedrückt wird. So jedenfalls hat der findige Vertreter der Perfekte-Maschinen-AG dem Käufer Özcan die Funktionsweise der bestellten Maschine geschildert. Als das Wunderwerk aufgestellt und in Betrieb genommen ist, stellt sich schnell Ernüchterung ein.

Özcan hat sich beim Ausfüllen des Bestellformulars verschrieben und statt des fantastischen Modells PMA-1000 das Modell PMA-500 bestellt, bei dem die Orangen nicht über eine elegante Spirale in den Mixer rollen, sondern von Hand eingegeben werden müssen.

Fall 49

Özcan hat wie beabsichtigt das Modell PMA-1000 bestellt, aber, was weder Özcan noch der Vertreter wussten: Das Modul für die Mischung der Säfte ist aufgrund eines Fehlers der für den Verkaufsprospekt zuständigen Druckerei nur für bis zu fünf, nicht aber für bis zu acht Obstsorten geeignet.

Fall 50

Nicht der Prospekt ist falsch, sondern Özcan hat sich verlesen, und geht zu Unrecht von einer Kapazität von acht statt von fünf Sorten aus.

Fall 51

Der Prospekt ist richtig, Özcan hat sich auch nicht verlesen, der Vertreter hat aber zum Zweck der Absatzförderung geschwindelt.

Fall 52

Die Perfekte-Maschinen-AG liefert nicht das Modell PMA-1000, sondern das Modell PMA-500. Özcan protestiert, erkennt die Lieferung dann aber als vertragsgemäß an, weil der sehr einflussreiche Vorstandsvorsitzende der Perfekte-Maschinen-AG, R. Press, ihm **droht**, er werde in Fachkreisen ein Gerücht über mangelnde Hygiene bei Özcan in die Welt setzen, wenn Özcan den Lieferengpass des Modells PMA-1000 nicht „schlucke" und mit dem Modell PMA-500 vorlieb nehme.

Fall 53

Özcan hat die Maschine nur bestellt, weil er davon **ausging**, dass er sie mit einem bereits vorhandenen Förderband koppeln kann. Zu seiner Enttäuschung klappt das aber nicht.

Wie nicht oft genug betont werden kann, ist der Kern des deutschen Privatrechts die **Privatautonomie**. Das Vehikel, mit dem der Einzelne sich privatautonom verwirklicht, ist die **Willenserklärung**. Das funktioniert so lange, wie der innere Wille und die geäußerte Erklärung miteinander korrespondieren, also nicht auseinander fallen. Anders ist das, wenn der innerlich gebildete Wille und die geäußerte Erklärung auseinander fallen, weil jemand etwas anderes erklärt als das, was er erklären will, weil er sich vergreift, verspricht, verschreibt, oder ähnliches (§ 119 I Alt. 2 BGB - **Erklärungsirrtum**).

Anders ist das auch, wenn zwar das Gewollte geäußert wird, wenn sich aber bei der Willensbildung Fehler eingeschlichen haben, der Erklärende also etwas ganz anderes erklärt hätte, wenn er gewusst hätte, was hier auf ihn zukommt. Das Gesetz unterscheidet hier mehrere Fälle, die unterschiedlich behandelt werden. Wer sich über den Inhalt seiner Erklärung, insbesondere über Eigenschaften des Vertragsgegenstandes oder des Vertragspartners irrt, gibt zwar die Erklärung ab, die er abgeben wollte, bei seiner Willensbildung haben sich aber Fehler eingeschlichen (**Inhaltsirrtum** nach § 119 I Alt. 1 BGB, insbesondere **Eigenschaftsirrtum** nach § 119 II BGB).

Während der Erklärungsirrtum und der Inhaltsirrtum ihre Ursache in dem Erklärenden selbst haben, kennt das Gesetz auch Fälle, in denen die Willensbildung von einem anderen so **manipuliert** wird, dass der gebildete Wille fehlerhaft ist. Dies ist zum einen der Fall bei **Zwang**. Hier liegt überhaupt keine Willenserklärung vor.

Anders ist der Fall zu behandeln, dass der Erklärende bedroht wird, und deshalb eine Willenserklärung abgibt (§ 123 I Alt. 2 BGB – Drohung).

Und schließlich ist es auch noch denkbar, dass der Erklärende durch eine Täuschung zu seiner Erklärung veranlasst worden ist, insbesondere durch unzutreffende Zusicherungen in Beziehung auf den Vertragsgegenstand (§ 123 I Alt. 1 BGB – Täuschung).

Sind Fehlvorstellungen nur bei einer Partei vorhanden, so finden die Regeln über den Irrtum (§§ 119 ff. BGB) Anwendung. Ist die Fehlvorstellung hingegen beiden Parteien gemeinsam, so handelt es sich um eine Störung, das Fehlen oder den Wegfall der Geschäftsgrundlage (§ 313 I BGB), ein Problem, das systematisch zum Schuldrecht gehört.

Leitsatz 16

Fehlvorstellungen

- bei **einer** Partei → Irrtum (§§ 119 ff. BGB) (BGB/AT)
- bei **beiden** Parteien → Wegfall der **Geschäftsgrundlage** (§ 313 I BGB) (Schuldrecht)

Bei allen Formen fehlerhafter Willensäußerung oder fehlerhafter Willensbildung (im Vorfeld der Willensäußerung) ist eine Abwägung zwischen den Interessen zweier Seiten zu treffen. Behandelt man eine fehlerhafte Erklärung als unwirksam, so kommt dies der Privatautonomie des Erklärenden zugute, ist aber für den Rechtsverkehr, der auch auf solche Erklärungen vertraut, schädlich. Behandelt man umgekehrt eine fehlerhafte Erklärung als wirksam, so kommt dies dem Rechtsverkehr zugute, der auf solche Erklärungen vertraut, ist aber schädlich für den Erklärenden, der an eine Erklärung gebunden wird, die nicht seinem Willen entspricht. Das Gesetz hat eine vermittelnde Lösung gefunden, indem sich der Erklärende von fehlerhaften Erklärungen lösen kann, der Anfechtungsgegner aber denjenigen Schaden ersetzt erhält, den er dadurch erleidet, dass er auf eine fehlerhafte Erklärung vertraut hat.

Beim Erklärungs-, Inhalts- und Eigenschaftsirrtum (§ 119 BGB) kann der Erklärende anfechten. Das angefochtene Rechtsgeschäft ist dann von Anfang an nichtig (§ 142 I BGB – Rückwirkung). Der Anfechtende muss aber nach Erkenntnis seines Irrtums unverzüglich anfechten (§ 121 I

BGB) und seinem Geschäftsgegner jenen Schaden ersetzen, den dieser dadurch erleidet, dass er sich auf die Erklärung verlassen hat (§ 122 I BGB – Vertrauensschaden). Naturgemäß besteht eine Verpflichtung zum Ersatz des Vertrauensschadens dort nicht, wo es kein Vertrauen gegeben hat oder dieses nicht schutzwürdig war (§ 122 II BGB).

Und auch der Getäuschte oder Bedrohte kann anfechten (§ 123 I BGB). Er kann sich das jedoch ein Jahr lang überlegen (§ 124 I BGB) und muss keinen Schadensersatz leisten, da der Anfechtungsgegner nicht schutzwürdig ist (vgl. § 122 II BGB).

Leitsatz 17

!

Anfechtung

Das geltende Recht basiert auf **Willenserklärungen** und damit auch darauf, dass deren innerer Tatbestand (Wille) und deren äußerer Tatbestand (Erklärung) in der Regel miteinander **übereinstimmen**, und dass ein Auseinanderfallen von beiden unerheblich ist (unbeachtlicher Motivirrtum).

Nur in **Ausnahmefällen** kann sich der Erklärende einseitig von seiner Erklärung lösen, wenn er etwas anderes erklären wollte (Erklärungsirrtum) oder sich über den Inhalt seiner Erklärung geirrt hat (Inhaltsirrtum) oder über den Vertragsgegenstand falsche Vorstellungen hatte (Eigenschaftsirrtum). Er kann dann anfechten, muss dem Gegner aber **Schadensersatz** zahlen (Vertrauensschaden) (§§ 19 ff. BGB).

Anders liegen die Dinge, wenn der Irrtum auf das Konto des **Gegners** geht (Täuschung, Drohung). Der Irrende hat dann mehr Zeit zum Nachdenken, ob er an dem Rechtsgeschäft festhalten will (lange Anfechtungsfrist), und muss keinen Schadensersatz leisten, wenn er die Anfechtung erklärt. (§§ 123 ff. BGB)

Mit dem Auseinanderfallen von Wille (innerer Tatbestand einer Willenserklärung) und Erklärung (äußerer Tatbestand einer Willenserklärung) befasst sich auch die Lösung zu Fall 48:

Zwischen Özcan und der Perfekte-Maschinen-AG ist ein Kaufvertrag (§ 433 II BGB) geschlossen worden, aus dem die PMAG von Özcan die Abnahme der Maschine PMA-500 und deren Bezahlung verlangen kann. Denn Özcan hat in dem Bestellformular die Maschine PMA-500 bestellt und dadurch ein Angebot (§ 145 BGB) zum Abschluss eines Kaufvertrages über genau dieses Modell abgegeben. Dieses ist spätestens durch zeitige Lieferung (§ 147 II BGB) angenommen worden, so dass ein Kaufvertrag über dieses Gerät zustande gekommen ist. Da Verträge nach Treu und Glauben (§ 157 BGB) und damit nach dem Empfängerhorizont auszulegen sind, ist die innere Vorstellung des Özcan, das Modell PMA-1000 zu bestellen, zunächst rechtlich unbeachtlich. Özcan kann aber ein Anfechtungsrecht nach § 119 I Alt. 2 BGB haben, da er eine Erklärung dieses Inhalts überhaupt nicht abgeben wollte. In seiner Person liegt ein Erklärungsirrtum vor. Daher kann er die Erklärung anfechten, sobald er seinen Irrtum bemerkt (§ 121 I 1 S. 1 BGB). Die Anfechtung beseitigt den geschlossenen Kaufvertrag rückwirkend, man spricht von einer „Vernichtung ex tunc" im Gegensatz beispielsweise zu einer Kündigung, die nicht zurück wirkt, also nur „ex nunc" (§ 142 I BGB im Gegensatz zu § 621 BGB) ist. Jedoch wird auch die PMAG vom Gesetz geschützt, denn sie kann von Özcan den Schaden ersetzt verlangen, den sie dadurch erleidet, dass sie an einen wirksamen Kaufvertrag geglaubt hat. Es handelt sich um den Ersatz des Vertrauensschadens (§ 122 I BGB), der beispielsweise die Kosten der Anlieferung der Maschinen erfasst, aber auch den entgangenen Erlös aus einem Alternativgeschäft, das in Aussicht auf das angefochtene Geschäft nicht eingegangen worden ist.

Leitsatz 18

ex tunc/ex nunc

ex nunc („ab jetzt, von nun an")

→ Wirkung von der **Gegenwart** an (die Regel) z.B. Kündigung

ex tunc („von Anfang an, von damals an, rückwirkend")

→ Rechtsgeschäft ist als **von Anfang an** als unwirksam anzusehen z.B. Anfechtung

Fehler können sich bei der Erklärung einschleichen, aber auch schon im Vorfeld der Erklärung bei der Entscheidung für ein Geschäft. Das macht die Lösung zu Fall 49 deutlich:

Hier besteht eine Fehlvorstellung über die Verwendbarkeit des Saftmischmoduls, die dem Verkäufer und dem Käufer gemeinsam ist, denn die Fehlvorstellung des Vertreters wird insoweit als Fehlvorstellung des

Verkäufers behandelt (§ 166 I BGB). Grundsätzlich kann bei dem Irrtum über die Eigenschaft des Vertragsgegenstandes ebenso wie beim Erklärungsirrtum (oben) **angefochten** werden (Eigenschaftsirrtum, § 119 II BGB).

Hier kann jedoch möglicherweise etwas anderes gelten, da es sich um einen **beiderseitigen Irrtum** handelt, und da deshalb die gemeinsame Fehlvorstellung zur Geschäftsgrundlage des geschlossenen Vertrages geworden ist (§ 313 BGB). In diesem Fall soll der Vertrag nicht anfechtbar sein, sondern der gemeinsamen Fehlvorstellung der Parteien entsprechend angepasst, oder wenn dies nicht möglich ist, aufgelöst werden. Gibt es also noch ein besseres Modul, so ist dieses im Wege der Auslegung als Vertragsgegenstand anzusehen. Können die Parteien ihr Ziel nicht erreichen, weil es ein solches Modul nicht gibt, fehlt die Geschäftsgrundlage, so dass ein Anspruch auf die Aufhebung des Vertrages besteht, der von jeder der beiden Vertragsparteien ohne die Schadensersatzpflicht des § 122 BGB geltend gemacht werden kann.

Im vorliegenden Fall kann aber eine „Ausnahme zur Ausnahme" greifen, da es sich um einen **Kaufvertrag** handelt (§§ 433 ff. BGB). Denn die Sachmängelhaftungsregeln des Kaufrechts gehen den Regeln des Allgemeinen Teils des BGB (§§ 1 ff. BGB) und den Regeln des Allgemeinen Schuldrechts (§§ 241 ff. BGB) vor, da der Vertragstyp im Besonderen Schuldrecht (§§ 433 ff. BGB) geregelt ist. Vorliegend handelt es sich um eine Abweichung zwischen der vereinbarten und der tatsächlichen Beschaffenheit der Kaufsache. Das Gesetz sieht diese Abweichung als Mangel an (§ 434 I S. 1 BGB), der die Rechte aus §§ 437, 439, 440 BGB auslöst, die im Kaufrecht zu behandeln sind. Bei einem Kaufvertrag soll auch eine gemeinsame Fehlvorstellung über die Beschaffenheit der Sache dem Verkäufer nicht zugute kommen. Er hat vielmehr für die vereinbarte Beschaffenheit der Sache gegenüber dem Käufer einzustehen. Dafür ist die Verjährung kürzer (§ 438 I Nr. 3 BGB), als dies nach den allgemeinen Regeln der Fall wäre (§ 195 BGB).

Das Thema inhaltlicher Fehlvorstellungen des Erklärenden wird auch in der Lösung zu Fall 50 variiert;

Hat Özcan sich verlesen, so liegt **kein Erklärungsirrtum** vor, da Özcan eine Erklärung dieses Inhalts ja tatsächlich abgeben wollte (§ 119 I Alt. 2 BGB). Er irrt aber über eine verkehrswesentliche Eigenschaft der verkauften Sache, so dass er wegen Eigenschaftsirrtum (§ 119 II BGB) den Kaufvertrag anfechten kann. Die Rechtsfolgen ergeben sich aus dem Ausgangsfall.

Fehlvorstellungen können auf eigenen oder fremden Fehlern beruhen. Die Problematik der Täuschung erklärt die Lösung zu Fall 51:

Hat der Vertreter für Saftmaschinen Özcan angeschwindelt und eine höhere als die tatsächliche Kapazität der Maschine behauptet, so ist Özcan möglicherweise zur Anfechtung des Vertrages wegen Täuschung (§ 123 I Alt. 1 BGB) berechtigt. Problematisch kann insoweit sein, dass nicht der Vorstand der PMAG, sondern der Vertreter gelogen hat. Bei der Täuschung durch einen Dritten besteht Anfechtbarkeit aber nur, wenn gerade der Vorstand der PMAG die Täuschung kannte oder kennen musste (§ 123 II S. 1 BGB). Der Vertreter steht aber im Lager des Verkäufers, nicht im Lager des Käufers. So, wie es für Willensmängel des Verkäufers auf seinen Vertreter ankäme (§ 166 I BGB), so kommt es auch umgekehrt für die Erzeugung von Willensmängeln durch Täuschung auf den Vertreter an, der deshalb kein Dritter sein kann. Ob der Vorstand der AG von der Täuschung wusste, ist nicht relevant. Özcan kann den Vertrag anfechten. Schadensersatz nach § 122 BGB schuldet er nicht, da es bei der Täuschungsanfechtung keinen schutzwürdigen Gegner gibt. Er kann aber umgekehrt Schadensersatzansprüche wegen Verletzung eines vorvertraglichen Schuldverhältnisses (§§ 280 I S. 1, 241 II BGB) haben. Außerdem können sich Schadensersatzansprüche auch aus sog. Deliktsrecht (§§ 823 II S. 1 BGB i.V.m. 263 I StGB – Betrug) ergeben.

Neben der Täuschung ist die Drohung die häufigste Form der Fremdbestimmung. Die damit zusammenhängenden Fragen thematisiert die Lösung zu Fall 52:

Hier ist der ursprüngliche Kaufvertrag über das Modell PMA-1000 im Wege des Vergleichsschlusses durch das Modell PMA-500 ersetzt worden (§ 779 I BGB – Vergleich). Allerdings hat Özcan diesen Vergleich nicht freiwillig, sondern nur auf massiven Druck des R. Press geschlossen. Wie von der Täuschungsanfechtung bekannt, besteht auch bei der Drohung (§ 123 I Alt. 2 BGB) ein Anfechtungsrecht. Dabei ist Drohung die Ankündigung eines Übels, auf das der Drohende Einfluss hat oder zu haben vorgibt. Da R. Press in Fachkreisen tatsächlich ein dem Özcan schädigendes Gerücht in Umlauf setzen könnte, liegt eine Drohung vor, die Özcan zur Anfechtung berechtigt.

Nicht alle Fehlvorstellungen erlauben es dem Erklärenden, sich von einer Erklärung wieder zu lösen (**Lösung zu Fall 53**):

Soweit Özcan einer **Fehlvorstellung** (Koppelungsmöglichkeit mit Förderband) unterliegt, die nicht Vertragsgegenstand geworden ist, und die sich auch nicht auf eine Eigenschaft der Sache selbst bezieht (§ 119 II BGB), handelt es sich um einen bloßen **Motivirrtum**. Özcan kann diesen „privaten" Irrtum nicht auf seinen Vertragspartner abwälzen. Ihm steht kein Anfechtungsrecht zu.

Er kann allenfalls durch einen praktisch denkenden und gut verhandelnden Juristen im Wege eines **Vergleichs** (§ 779 I BGB) zu einer für beide Seiten tragfähigen Lösung kommen. Leider ist der **praktisch wichtigste Vertrag** der Rechtsordnung, der Vergleich, kaum Gegenstand der juristischen Ausbildung. Schon gar nicht bekommt man beigebracht, wie man einen guten Vergleich aushandelt. Der verehrte Leser möge doch einmal versuchen, eine praktische Lösung für Özcan zu finden wie die PMAG zur Rücknahme der unbrauchbaren Maschine bereit sein könnte, und ein entsprechendes **Verhandlungskonzept** erstellen. Das bringt zwar nichts für die Prüfung, aber viel für Leben und Praxis.

Zu den unterschiedlichen „Willensmängeln" abschließend die **Übersicht 12**.

Übersicht 12: Willensmängel

▶ **Zwang**	keine Willenserklärung
▶ **Drohung** (§ 123 I Alt. 2 BGB)	Anfechtung
▶ **Täuschung** (§ 123 I Alt. 1 BGB)	Anfechtung
▶ **Irrtum**	
– Erklärungsirrtum (§ 119 I Alt. 2 BGB)	Anfechtung
– Inhaltsirrtum (§ 119 I Alt. 1 BGB)	Anfechtung

– Eigenschaftsirrtum (§ 119 II BGB)	Anfechtung, jedoch Ausnahmen: Sonderregeln über Mängel im Kauf- und Werkrecht oder über Kündigung statt Anfechtung im Arbeitsrecht usw.
– Motivirrtum	Pech gehabt
– beiderseitiger Motivirrtum	Lehre zum Wegfall der Geschäftsgrundlage (§ 313 I BGB) (Schuldrecht/AT)

Lektion 13: Geschäftsgrundlage und Motiv

Fall 54

Özcan bezieht für seinen Gemüsesupermarkt täglich zwei Lastwagenladungen mit Gemüse aus der Türkei. Für die Lieferungen ist mit dem Verkäufer Yilmaz die Geltung deutschen Rechts, aber die Bezahlung in türkischer Lira vereinbart. Als der Beitritt der Türkei zur Eurozone sich wieder einmal verschiebt, tritt die Lira eine Talfahrt vorher nie gekannten Ausmaßes an. Özcan müsste jetzt für die Gemüselieferungen nur noch die Hälfte bezahlen. Zwar bliebe der Nominalbetrag in Lira der gleiche; der tatsächliche Wert, gemessen in Euro oder dem Wert der Lira am Weltfinanzmarkt, wäre aber nur noch die Hälfte. Der Verkäufer würde praktisch keinen Gewinn mehr erziehen. Möglicherweise würde er sogar drauflegen. Yilmaz verlangt deswegen von Özcan, dass dieser ihm das Doppelte des vereinbarten Lirabetrags bezahlt.

In der vorangegangenen Lektion wurde gezeigt, dass Motivirrtümer einer Vertragspartei nur ausnahmsweise beachtlich sind, nämlich wenn sie sich auf eine verkehrswesentliche Eigenschaft des Vertragsgegenstandes beziehen (§ 119 II BGB).

Motivirrtümer beider Vertragsparteien können jedoch zur Geschäftsgrundlage werden, so dass die Anpassung oder Aufhebung des Vertrages verlangt werden kann (§ 313 I, III BGB).

Die Lehre von der Geschäftsgrundlage stand ursprünglich nicht im BGB, sondern wurde vom Reichsgericht während der Weltwirtschaftskrise (1929 - 1933) entwickelt, um unfaire Ergebnisse aufgrund der Inflation auszugleichen. Die entsprechenden Regelungen dazu kamen dann auch nicht ins BGB/AT sondern - da mindestens zwei Beteiligt sind - folgerichtig ins Schuldrecht/AT.

Zur Vervollständigung unserer Ausführungen über die Irrtümer blicken wir hier also ein wenig voraus ins Schuldrecht.

Fehlvorstellungen, die jetzt von Belang sind, liegen also auf beiden (oder mehreren) Seiten eines Vertrages vor. Oft ergibt dabei erst der weitere Verlauf einer Angelegenheit, dass die Vertragsparteien beim Vertragsschluss etwas übersehen haben, wie etwa in der nun folgenden Lösung zu Fall 54:

Fraglich ist, ob Yilmaz von Özcan die Anpassung des zwischen den beiden Parteien geschlossenen Vertrages nach den Grundsätzen der Störung der Geschäftsgrundlage (§ 313 I BGB) verlangen kann. Dafür ist erforderlich, dass die von beiden Parteien stillschweigend vorausgesetzten Grundlagen des Vertrages sich schwerwiegend verändert haben, und dass der Vertrag so nicht geschlossen worden wäre, wenn die Parteien die Veränderung vorausgesehen hätten. Hätten Yilmaz und Özcan die Inflation der Lira vorausgesehen, so hätten sie ab diesem Zeitpunkt nach Treu und Glauben (§ 242 BGB) eine Anpassung des Kaufpreises auf den Wertverlust der Lira und damit auf 200 % vereinbart. Zwar kann nicht jede Inflation automatisch schon dazu führen, dass eine Preisanpassung vorgenommen werden muss. Dies würde sogar dazu führen, dass die Inflation noch beschleunigt würde, und würde daher den Zielen des Gesetzes zur Förderung der Stabilität und des Wachstums der Wirtschaft widersprechen (StWG). Bei einer galoppierenden Inflation, insbesondere im Ausland, wenn ausländische Währung vereinbart ist, erfordert es die Fairness des Vertrages aber, dass der aus dem Gleichgewicht geratene Vertrag durch Anpassung wieder ins Gleichgewicht gebracht werden kann. Özcan muss das Doppelte bezahlen. Das schadet ihm aber nicht, da er seine Geschäfte vorwiegend in Euro abwickelt und daher den zur Bezahlung erforderliche Lirabetrag zum gleichen (Euro-)Preis erwerben kann wie zuvor geplant.

Leitsatz 19

!

Irrtümer und Geschäftsgrundlage

- **Einseitige** Irrtümer gehören in die Lehre von den Willensmängeln
- **Beidseitige** Irrtümer bilden die „Geschäftsgrundlage" eines Rechtsgeschäfts, wenn sie für beide Seiten so wesentlich waren, dass das Geschäft ohne die Fehlvorstellung nicht oder zu anderen Konditionen zustande gekommen wäre.
- **Fehlt** die Geschäftsgrundlage oder fällt sie **weg** oder **ändert** sie sich, kann eine Partei von der anderen **Anpassung** des Rechtsgeschäfts an die tatsächlichen Verhältnisse oder sogar die **Aufhebung** verlangen (§ 313 BGB). Die Anpassung erfolgt ggf. nach Treu und Glauben (§ 242 BGB).

Lektion 14: Eigengeschäft und Stellvertretung

Fall 55

Özcan beschäftigt seit drei Tagen eine neue Auszubildende namens Hatice, die ihren eigenen Kopf hat. Weil das so ist, verbietet Özcan ihr ausdrücklich, mit Kunden Geschäfte abzuschließen. Sie soll sich darauf beschränken, eingehende Warenlieferungen in die Regale einzusortieren. Hatice findet das jedoch zu langweilig und beschließt deswegen, sich nicht daran zu halten. An einen Großkunden verkauft sie eine nicht preisausgezeichnete Palette mit Artischocken für einen Preis, der fünf Euro unter dem üblichen Preis der Palette liegt. Als Özcan davon erfährt, möchte er von dem Käufer die Preisdifferenz einfordern.

Fall 56

Die Auszubildende Hatice ist immer für Streiche zu haben. An Özcans Geburtstag bestellt sie vom Telefonanschluss des Gemüsemarkts Pizzen für die ganze Belegschaft, nennt dabei aber nur ihren eigenen Namen. Als Özcan die Bezahlung verweigert, möchte der Pizzalieferant die 25 Pizzen von Hatice bar bezahlt haben.

Der Normalfall des Vertragsschlusses ist das Eigengeschäft. Das bedeutet, dass jemand ein Geschäft tätigt, das für ihn selbst gelten soll.

Ein 6-jähriges Kind könnte danach aber überhaupt keine Geschäfte tätigen, da es nicht geschäftsfähig ist (§§ 104 Nr. 1, 105 I BGB). Das Kind wird daher von seinen Eltern vertreten (§ 1629 I S. 1 BGB – Fall der gesetzlichen Stellvertretung).

Neben der gesetzlichen Stellvertretung gibt es aber auch die gewillkürte Stellvertretung: Einem anderen wird für ein Geschäft, eine bestimmte Art von Geschäften oder alle Geschäfte Vollmacht erteilt (§ 167 I BGB).

Gesetzliche und gewillkürte Stellvertretung funktionieren im Prinzip gleich. Willenserklärungen des Vertreters wirken nicht für den Vertreter, sondern für und gegen den Vertretenen (§ 164 I BGB – Fremdgeschäft).

Leitsatz 20

Stellvertretung

Das Gesetz ermöglicht bei den meisten Rechtsgeschäften die Stellvertretung (§§ 164ff. BGB; nicht z.B. Testament § 2064).

Die rechtsgeschäftlich erteilte Vertretungsmacht heißt **Vollmacht**.

Der Stellvertreter gibt seine Erklärung **an Stelle** des Vertretenen ab mit der Folge, dass die Erklärung für und gegen den Vertretenen wirkt.

Bei der Stellvertretung kommt es grundsätzlich darauf an, dass die Vollmacht tatsächlich besteht.

Besteht sie nicht, so handelt es sich um einen Vertreter ohne Vertretungsmacht („falsus procurator"). Für diesen Fall ordnet das Gesetz aber nicht die Unwirksamkeit des vollmachtlosen Geschäfts, sondern einen Schwebezustand an. Der – unwirksam – Vertretene kann nämlich das Geschäft genehmigen und dadurch dessen Wirksamkeit herbeiführen (§ 177 I BGB). Eine solche Genehmigung ist aber nicht sicher. Der Vertretene wird nur dann genehmigen, wenn ihm das Geschäft zum Vorteil gereicht. Deshalb haftet der Vertreter ohne Vertretungsmacht gegenüber dem Vertragspartner (§ 179 I BGB). Der Vertragsgegner kann sich aussuchen, ob der Vertreter ohne Vertretungsmacht den Vertrag erfüllen muss (§ 179 I Alt. 1 BGB) oder ihm Schadensersatz dafür leisten soll, dass der Vertrag nicht zustande kommt (Alt. 2).

Leitsatz 21

falsus procurator

Handelt ein Vertreter ohne Vertretungsmacht („falsus procurator"), dann haftet er – wenn das Geschäft nicht genehmigt wird – selbst auf Erfüllung oder Schadensersatz (§§ 177ff. BGB).

Wie gefährlich es ist, sich einem Vertreter als Vertretener auszuliefern, zeigt die Lösung zu Fall 55:

Özcan kann sich nur dann von dem Kaufvertrag über die Artischocken zu einem aus seiner Sicht zu geringen Preis distanzieren, wenn kein wirksamer Kaufvertrag zu dem niedrigeren Preis durch seine Auszubildende Hatice zustande gekommen ist. Da Özcan nicht selbst gehandelt hat, müsste Hatice ihn wirksam vertreten haben. Dann würde ihr Vertragsschluss für und gegen Özcan wirken (§ 164 I S. 1 BGB). Özcan hat ihr jedoch eine entsprechende Vollmacht (§ 167 I BGB) gerade nicht erteilt. Demnach hat es den Anschein, als könne der Käufer sich hinsichtlich der Artischocken nur an Hatice als Vertreterin ohne Vertretungsmacht (§ 179 I BGB) halten. Das wird dem Käufer jedoch im Zweifel wenig nützen. Denn er hat ja darauf vertraut, ein Geschäft mit einem leistungsfähigen Supermarkt und nicht mit einer mittellosen Auszubildenden zu machen. Daher ist ihm nur gedient, wenn der Gemüsemarkt Vertragspartner geworden ist.

Dazu muss die fehlende Vollmacht unterstellt (fingiert) werden. Dies macht das Gesetz selbst in § 56 Handelsgesetzbuch (HGB). Dort ist geregelt, dass Ladenangestellte dazu ermächtigt gelten, Verkäufe und Empfangnahmen vorzunehmen, die in einem derartigen Laden oder Warenlager gewöhnlich geschehen. Dabei sind Verkäufe nicht nur Kaufverträge, sondern alle im Geschäftsbetrieb üblichen Rechtsgeschäfte, und mit Empfangnahmen ist vor allem die Entgegennahme von Waren und von Zahlungen gemeint. Hatice hatte daher gesetzlich geregelte Vollmacht. Der Kaufvertrag über die Palette Artischocken ist wirksam. Nur dann, wenn der vereinbarte Preis vom Marktpreis in einem nicht mehr nachvollziehbaren Umfang abgewichen ist, kann man nach § 242 BGB (Treu und Glauben) eine Ausnahme machen und dem Vertragspartner vorhalten, er hätte merken müssen, dass etwas nicht stimmt. Angesichts des hohen Preises von Artischocken dürfte eine Preisdifferenz von fünf Euro bei einer ganzen Palette hierfür aber noch nicht ausreichen.

Vertreter wird man allerdings nicht schon deshalb, weil man es will. Man muss es auch gegenüber dem Vertragspartner deutlich machen. Sonst wird man selbst Vertragspartner (Lösung zu Fall 56):

Bei der Bestellung der Pizzen ist ein Kaufvertrag (§ 433 BGB) zustande gekommen. Es fragt sich nur, wer insoweit Vertragspartner geworden ist. Nach außen hin hat Hatice nur ihren eigenen Namen genannt. Tatsächlich wollte sie, dass Özcan Vertragspartner wird. Demnach ist sie – Auslegung nach dem Empfängerhorizont – selbst Vertragspartner geworden. Fraglich ist, ob sie sich nach § 119 I Alt. 1 BGB (Inhaltsirrtum) durch

Anfechtung vom Vertrag lösen kann. § 164 II BGB versperrt ihr diese Möglichkeit jedoch. Die Vorschrift, mit der man jeden Nicht-Juristen beeindrucken kann, lautet wörtlich: „Tritt der Wille, in fremdem Namen zu handeln, nicht erkennbar hervor, so kommt der Mangel des Willens, im eigenen Namen zu handeln, nicht in Betracht". Auf Deutsch:

Wer nicht klar macht, dass er ein Vertreter sein will, wird selbst verpflichtet. Und er kann auch nicht mit der Begründung anfechten, er habe nicht gewusst, dass das so ist. Die Vorschrift ist ein Paradebeispiel dafür, wie man sich als Jurist von der gewöhnlichen Menschheit durch unverständliche Sprache abschotten kann (nur Mediziner können das noch besser). Hatice muss die Pizzen zahlen.

Fall 57

Zum 20-jährigen Bestehen seines Gemüsehandels hat Özcan endgültig den wirtschaftlichen Durchbruch geschafft. Er besitzt fünf große Supermärkte und gründete zwischenzeitig dafür eine Aktiengesellschaft. Die Özcan AG hat über 100 Mitarbeiter und stellt daher einen Personalchef ein, der die stolze Bezeichnung „Human Ressources Manager" (HRM) trägt. Kurz darauf bewirbt sich bei dem Unternehmen der Buchhalter Grabsch, der sich bei früheren Arbeitgebern aus der Ladenkasse bedient hat und deshalb auch vorbestraft ist. Der HRM stellt ihn in Unkenntnis seiner Vorgeschichte ein. Als Özcan den Arbeitsvertrag nach § 119 II (Irrtum über verkehrswesentliche Eigenschaften der Person) anfechten will, entgegnet Grabsch frech, der Vorstand der AG, Özcan selbst, habe ja gewusst, dass Grabsch kriminell sei, denn seine Bewerbung im letzten Jahr habe Özcan deshalb abgelehnt.

Aus der bisherigen Darstellung sind die Lehren über die Willensmängel (§§ 119 ff. BGB) und die Lehren über die Stellvertretung (§§ 164 ff. BGB) bereits bekannt. Wie bei der Kreuzung von zwei Pflanzen geht es jetzt darum, die beiden Normenkomplexe zu kreuzen, und zu sehen, was dabei herauskommt. Eine entsprechende Vorschrift findet sich in § 166 BGB. Bei Willensmängeln kommt es grundsätzlich nicht auf den Vertretenen, sondern auf den Vertreter an (§ 166 I BGB).

Etwas anderes gilt, wenn ein Vertreter mit gebundener Marschroute vorliegt. Denn in diesem Fall handelt der Vertreter ähnlich wie ein Bote, der nur eine Erklärung überbringt. In diesem Fall kommt es auf die

Kenntnis des Vertretenen an, wenn bei diesem eine Fehlvorstellung nicht vorliegt (§ 166 II S. 1 BGB).

Vereinfachend kann man also sagen, dass das Gesetz nicht an die bloße Tatsache der Stellvertretung anknüpft, sondern daran, von wem die Initiative zu dem konkreten Geschäft ausgegangen ist. Dessen Vorstellungen und Fehlvorstellungen sollen für die Fragen der Anfechtbarkeit des Rechtsgeschäfts maßgeblich sein.

Die Kreuzung zwischen den beiden Wesen „Irrtum" und „Stellvertretung" findet sich in der Lösung zu Fall 57:

Özcan kann namens der Özcan AG den zwischen dieser und Grabsch geschlossenen Dienstvertrag wegen Irrtums über eine verkehrswesentliche Eigenschaft des Arbeitnehmers (§ 119 II Alt. 1 BGB), nämlich Ehrlichkeit und fehlende einschlägige Vorstrafen, anfechten, wenn ein solcher Irrtum der AG vorliegt. Özcan als Vorstand der AG (und damit die AG selbst) hatte eine solche Fehlvorstellung nicht. Der HRM und damit der Vertreter (§§ 164 ff. BGB) hatte eine solche Fehlvorstellung. Nach § 166 I Alt. 1 BGB kommt es auf den HRM an. Grabsch kann sich also nicht darauf berufen, dass Özcan seine Vorgeschichte kannte. Denn den Vertrag hat der HRM geschlossen.

Besteht das Arbeitsverhältnis schon einige Zeit, so kann übrigens an die Stelle der Anfechtung die Kündigung (§ 622 BGB), ggf. auch die fristlose Kündigung (§ 626 I 1 BGB) treten. Denn bei sog. Dauerschuldverhältnissen wie Arbeitsverträgen sollen die einmal beiderseits erbrachten Leistungen (Arbeit gegen Geld) nicht mehr nach den Regeln des Bereicherungsrechts (§§ 812 ff. BGB) abgewickelt werden, sondern den Parteien verbleiben.

Leitsatz 22

Willensmängel bei Stellvertretung

Für Willensmängel und ähnliches kommt es auf die Vorstellungen des Vertreters und nicht auf die des Vertretenen an. Dieser hat ja eine eigene Willenserklärung abgegeben, die auf seinem eigenen Vorstellungsbild beruht (§ 166 I BGB). Die Ausnahme des § 166 II S. 1 BGB betrifft jene Sonderfälle, in denen die Initiative konkret vom Vertretenden ausgegangen ist.

Lektion 15: Gesetzliche Vertretung und Vollmacht

Fall 58

Die Zwillingssöhne Ahmed und Ali des Gemüsehändlers Özcan sind an zwei verschiedenen Tagen geboren, Ahmed um 23.30 Uhr, Ali nach einem heroischen Ringen der Ärzte am Folgetag um 00.05 Uhr. An Ahmeds 18. Geburtstag sind die beiden in einen Freizeitpark gefahren, um mit ihren Freundinnen einen schönen Tag zu verbringen. An diesem Tag betritt ein Vertreter des Schlauer-durch-Lesen-Verlages (SdLV) das Büro von Özcan und dreht diesem ein 30-bändiges Lexikon zur Bildung der Jugend an. Da Ahmed als Student in Hamburg wohnt, Ali hingegen als Auszubildender in München, und da Özcan es mit beiden zu gut meint, erwirbt er die Enzyklopädie gleich zweimal, einmal für Ahmed, einmal für Ali. In die Kaufverträge setzt er die Namen der beiden Söhne ein. Als diese aus dem Freizeitpark zurückkehren, stellt sich – für Özcan überraschend – heraus, dass seine Söhne weniger bildungsbeflissen sind, als er sich das erhofft hat. Muss Ahmed seinen Bücherstapel bezahlen?

Fall 59

Wie ist das bei Ali?

Das Gesetz unterscheidet zwei Arten der Vertretungsmacht.

Die gesetzliche Vertretungsmacht ergibt sich unmittelbar aus dem Gesetz, ihr Umfang ist gesetzlich geregelt, und die Vorlieben und Abneigungen des Vertretenen spielen keine Rolle. So wird nach § 1629 II. 1 BGB das Kind durch seine Eltern vertreten. Das Kind muss mit den Entscheidungen seiner Eltern leben. Ebenso geht z.B. mit der Eröffnung des Insolvenzverfahrens das Recht des Schuldners, das zur Insolvenzmasse gehörende Vermögen zu verwalten und über es zu verfügen, auf den Insolvenzverwalter über (§ 80 I InsO). Der Schuldner muss mit den Entscheidungen des Insolvenzverwalters leben, auch wenn erst dieser das Unternehmen vollständig ruiniert, was vorkommen soll.

Auch § 56 HGB (Vertretungsmacht des Ladenangestellten, siehe oben) ist ein Fall der gesetzlichen Vertretungsmacht. Der Geschäftsherr, der seine Ladenangestellten nicht engmaschig überwacht, muss mit deren Entscheidungen leben. Gefährlich ist die Bestellung eines Prokuristen. Denn die Prokura ermächtigt zu allen Arten von Rechtsgeschäften, die ein Handelsgewerbe mit sich bringt (§ 49 I HGB). Eine Beschränkung der Prokura ist im Außenverhältnis unmöglich (§ 50 I HGB).

Gesetzliche Vertretungsmacht zeichnet sich also dadurch aus, dass der Rechtsverkehr durch starre Regeln geschützt ist, während der Vertretene möglicherweise Geschäfte aufgenötigt bekommt, die er gar nicht will.

Anders verhält es sich mit der **gewillkürten Vertretungsmacht**, die nicht aus dem Gesetz, sondern aus der Einsetzung als Vertreter, der Bevollmächtigung oder Vollmachterteilung (§ 167 I BGB) fließt. Denn der Vertretene entscheidet selbst, ob und in welchem Umfang er vertreten werden will. Er kann Vollmacht lediglich für ein einzelnes Rechtsgeschäft erteilen (**Einzelvollmacht**), für eine bestimmte Art von Rechtsgeschäften (**Artvollmacht**) oder für alle Rechtsgeschäfte, soweit diese nicht persönlich vorgenommen werden müssen (**Generalvollmacht**). Der Generalbevollmächtigte kann beispielsweise Grundstücke kaufen und verkaufen, weil die Pflicht zur notariellen Beurkundung (§ 311b I S. 1 BGB) nicht für die Bevollmächtigung oder Vollmachtserteilung gilt (§ 167 II BGB). Allerdings hat auch die Möglichkeit, unbeschränkte Vollmacht zu erteilen, Grenzen. So ist es nicht möglich, einen guten Freund zur Hochzeit zu schicken. Denn nach § 1310 I S. 1 BGB wird eine Ehe nur dadurch geschlossen, dass die Verlobten vor dem Standesbeamten erklären, die Ehe miteinander eingehen zu wollen. Man muss also selbst hin. Wer hätte das gedacht?

Leitsatz 23

Vollmacht

Vertreter wird man durch **Gesetz** (gesetzlicher Vertreter, z.B. die Eltern eines Minderjährigen) oder durch **Rechtsgeschäft** (rechtsgeschäftlicher Vertreter, z.B. der Prokurist). Das Rechtsgeschäft, durch das man zum rechtsgeschäftlichen Vertreter wird, ist die Bevollmächtigung, die Möglichkeit, die man daraus gewinnt – nämlich Rechtsgeschäfte für einen anderen abzuschließen – ist die Vollmacht (Vertretungsmacht).

Aber zurück zu unseren Zwillingen. Man denkt ja zunächst einmal, an Zwillingen wäre alles gleich. Das Rechtssystem sieht das aber nicht ganz so (Lösung zu Fall 58):

Bei den beiden Kaufverträgen (§ 433 BGB) über die beiden Lexika ist zu unterscheiden: Ahmed, der Ältere, ist mit Vollendung des 18. Lebensjahrs bereits volljährig (§ 2 BGB). Bei ihm hängt die Wirksamkeit des ohne seinen Willen für ihn geschlossenen Vertrages davon ab, ob er ihn genehmigt (§ 177 I BGB).

Und so sieht das für den jüngeren Zwilling aus (**Lösung zu Fall 59**):

Bei Ali, dem Jüngeren, stellt sich die Sachlage anders dar. Er ist noch minderjährig, da er erst am Folgetag das 18. Lebensjahr vollendet. Daher wird er durch seine Eltern **gesetzlich vertreten** (§ 1629 II S. 1 BGB). Nach § 1629 II S. 2, 1. Hs. BGB, vertreten die Eltern das Kind aber gemeinschaftlich. Bei einem Geschäft über ein kostspieliges Lexikon kann auch nicht mehr davon ausgegangen werden, dass ein Elternteil den anderen Elternteil stillschweigend bevollmächtigt hat, ihn mit zu vertreten (ein Fall der Vollmacht, § 167 I BGB). Will Ali erreichen, dass der Kelch der Zahlungspflicht und der Abnahme des Bücherstapels (§ 433 II BGB) an ihm vorüber geht, so muss er seine Mutter davon überzeugen, dass sie die Genehmigung ihrer Vertretung seiner Vertretung (!) verweigert (§ 177 I BGB).

So viel zur Einstimmung in das Thema „Vertretungsmacht". Jetzt wird die ganze Sache etwas komplexer.

Fall 60

Özcan ist begeisterter Skifahrer. Als er in den Alpen eine Piste hinunter wedelt, macht er unliebsame Bekanntschaft mit einer weggeworfenen Getränkedose. Während Özcan in Innsbruck seinen Kreuzbandriss auskuriert, führt sein Bruder als **Generalbevollmächtigter** die Geschäfte der AG. Die Vollmachtsurkunde hat Frau Özcan gleich am ersten Tag aus Innsbruck mitgebracht, und der Bruder, der gerne renommiert, hat sie bei den Geschäftspartnern des Özcan vorgelegt. Nach seiner Rückkehr vergisst Özcan, die Generalvollmacht zurück zu fordern, obwohl sein Bruder nicht mehr für ihn tätig ist. Eines Tages erwirbt der Bruder unter Vorlage der Generalvollmacht eine kleine Flotte von Lieferwagen bei dem Autohändler Zack, der jetzt von Özcan Bezahlung fordert.

Eine Vollmacht kann grundsätzlich dem Bevollmächtigten erteilt werden (§ 167 I Alt. 1 BGB) und sie erlischt, wenn das ihr zugrunde liegende Rechtsverhältnis endet (§ 168 S. 1 BGB).

Eine Vollmacht kann aber auch statt als **Innenvollmacht** als **Außenvollmacht** erteilt werden (§ 167 I Alt. 2 BGB). In diesem Fall wirkt die Vollmacht bis zu dem Zeitpunkt, da die Geschäftspartner über ihr Erlöschen informiert werden (§ 170 BGB). Bei einer **öffentlichen Kundgebung** (etwa in der Zeitung oder durch ein Rundschreiben) bleibt eine Vollmacht so lange wirksam, bis in derselben Weise ihr Erlöschen öffentlich kundgegeben ist (§ 171 II BGB). Die kundgemachte Innenvollmacht wirkt also wie eine Außenvollmacht. Noch schärfer ist die Vollmachterteilung durch eine **Vollmachtsurkunde** (§ 172 I BGB). Hier ist die Vollmacht genauso lange in der Welt wie die Vollmachtsurkunde (§ 172 II BGB).

Die Probleme der Vollmacht (und die Probleme, die einem die Familie bescheren kann) zeigt die **Lösung zu Fall 60**:

Für den streitigen Anspruch auf Bezahlung und Abnahme (§ 433 II BGB) der Lieferwagenflotte ist entscheidend, ob Özcan durch seinen Bruder wirksam vertreten worden ist (§ 164 I S. 1 BGB). Özcan hat seinem Bruder eine **Vollmacht** erteilt (§ 167 I BGB). Die der Vollmachterteilung zugrunde liegende Situation ist jedoch nicht mehr gegeben. Damit ist die Vollmacht im Innenverhältnis **erloschen** (§ 168 S. 1 BGB). Im **Außenverhältnis** besteht die Vollmacht aber so lange fort, bis Özcan die Vollmachtsurkunde zurück erlangt hat (§ 172 II Alt. 1 BGB). Demnach ist Özcan durch seinen Bruder gegenüber dem Autohändler wirksam vertreten worden und muss die Autoflotte sowohl nehmen als auch bezahlen.

Damit versteht sich der Fall als praktisches Lehrstück darüber, dass

1. man keine Generalvollmacht erteilen, sondern eine Artvollmacht formulieren sollte, die auf die nötigsten Geschäfte beschränkt ist,

2. man Vollmachtsurkunden sofort einsammeln sollte, wenn die Vollmacht im Innenverhältnis nicht mehr besteht,

3. niemand sich seine Verwandten aussuchen kann. (Deshalb sind Ehegatten rechtlich gesehen auch nicht mit einander verwandt.)

Die hauptsächlichen Spielarten der Stellvertretung zeigt nochmals **Übersicht 13**.

Übersicht 13: Stellvertretung und Vertretungsmacht

Gesetzliche und gewillkürte Vertretungsmacht / fehlende Vollmacht

- **gesetzliche** Vertretungsmacht (z.B. Kind durch Eltern § 1629 II. 1 BGB, Prokurist § 49 I HGB)
- **gewillkürte** Vertretungsmacht (Vollmacht, § 167 I BGB)
  - tatsächlich **bestehende** Vollmacht
  - Vollmacht **ohne** tatsächliche Vollmacht

    a) aus §§ 167 ff. BGB
    - fortbestehende Außenvollmacht
    - fortbestehende kundgemachte Innenvollmacht
    - fortbestehende Vollmacht kraft Vollmachtsurkunde

    b) herrschende Meinung
    - Duldungsvollmacht bei geduldetem Auftreten
    - Anscheinsvollmacht bei Einräumung einer entsprechenden Stellung (auch konkret z.B. § 56 HGB bei Ladenangestellten)
- **fehlende** Vollmacht (Vertreter ohne Vertretungsmacht, falsus procurator)
  - Genehmigung (§ 177 I BGB)
  - Unwirksamkeit bei fehlender Genehmigung (aber: Erfüllung oder Schadensersatz vom falsus procurator; § 179 I BGB)

Die umfangreichen Überlegungen der Lektionen 14 und 15 lassen sich dann in ein kerniges Prüfschema einsortieren.

Prüfschema 9: Wirksamkeit des stellvertretenden Handelns

1. Ist die Stellvertretung **zulässig** (nicht: z.B. Eheschließung)?
2. Hat der Vertreter eine **eigene** Willenserklärung abgegeben (z.B. nicht nur überbracht) (§ 164 I BGB)?
3. Hat er diese **im Namen** des Vertreters abgegeben (Offenlegung) (§ 164 II BGB)?
4. Hatte er Vertretungsmacht (**Vollmacht** oder hergeleitete Vollmacht) (§§ 164 I S. 2, 167 ff. BGB; 56 HGB etc.)?
5. Umfasst der **Umfang** der Vollmacht das entsprechende Handeln?

▶ **Stellvertretung gegeben**?
- Erklärung wirkt für und gegen den Vertretenen (§ 164 I S. 1 BGB)
- Probleme bei Willensmängeln o.ä.: Vorstellungsbild des Vertreters oder des Vertretenden gem. § 166 BGB?

▶ **Stellvertretung nicht gegeben?**
- Vertreter ohne Vertretungsmacht („falsus procurator") (§§ 177 ff. BGB)
- Genehmigung des Vertretenden (§ 177 I BGB)?
- Der falsus procurator haftet ggf. auf Erfüllung oder Schadensersatz (§ 179 I BGB)

Lektion 16: Verjährung, Fristen, Termine usw.

Verjährung

Fall 61

Unser Gemüsehändler Özcan verkauft einen gebrauchten Lastwagen an die Spedition Nah & Fern. Er lässt er sich mit der Eintreibung der Kaufpreisforderung jedoch Zeit. Als er erfährt, dass der Lastwagen bereits verschrottet ist, rechnet er nach. Der Verkauf liegt nun fast drei Jahre zurück. Kurz vor dem Weihnachtsfest beauftragt er deshalb Rechtsanwalt Piste aus der Kanzlei Schlaf & Partner mit der Beitreibung der Kaufpreisforderung. Dieser schreibt eine Mahnung an Nah & Fern und begibt sich anschließend in den Skiurlaub. Als Piste im Neuen Jahr aus dem Skiurlaub zurück ist, hat Nah & Fern immer noch nicht bezahlt. Daraufhin reicht Piste Klage ein. Nah & Fern beruft sich auf Verjährung. Özcan kündigt das Mandatsverhältnis mit Piste und beauftragt den Rechtsanwalt Dr. Wach. Dieser findet heraus, dass Nah & Fern einen ein Jahr alten Schadensersatzanspruch in etwa gleicher Höhe gegen den Architekten Bruch hat, und vereinbart mit diesem folgenden Deal:

Özcan tritt seine Kaufpreisforderung an Bruch ab, dieser rechnet mit dem Schadensersatzanspruch von Nah & Fern auf. Dafür bezahlt Bruch an Özcan 50 % der verjährten Kaufpreisforderung, während Bruch 50 % der noch unverjährten Schadensersatzforderung einspart.

Ist dieser Deal Erfolg versprechend?

Absolute Rechte unterliegen keinem zeitlichen Ablauf. Relative Rechte (Ansprüche, Forderungen) unterliegen hingegen der Verjährung (§ 194 I BGB).

Verjährung ist das Recht, die Erfüllung eines Anspruchs zu verweigern. Hintergrund der gesetzlichen Regelung ist die Vorstellung, dass nach einer gewissen Zeit Rechtsfrieden einkehren soll, das heißt, Ansprüche, die nicht in zumutbarer Frist geltend gemacht werden, sollen überhaupt nicht mehr geltend gemacht werden können.

Die Grundstruktur der Verjährung zeigt die folgende Übersicht.

Übersicht 14: Zeitleiste Verjährung

Zeitleiste Verjährung

- **Entstehung** des Anspruchs
- **Beginn** der Verjährung (kenntnisabhängig) (§§ 199 ff. BGB)
- möglicherweise **Hemmung** der Verjährung (§ 209 BGB) (z.B. Klage auf Leistung)
- möglicherweise Unterbrechung mit **Neubeginn** der Verjährung (§ 212 BGB) (z.B. nach Anerkenntnis)
- noch **keine Erfüllung** des Anspruchs
- Eintritt der **Verjährung** mit Ablauf der Verjährungsfrist (Recht die Erfüllung zu verweigern nach Einrede) (§ 214 BGB)
- Das jetzt zur Befriedigung **geleistete** kann nicht zurückgefordert werden (§ 214 II BGB) (ebenso: vertragsmäßiges Anerkenntnis und Sicherheitsleistung)
- **Aufrechnung** ggf. trotz Einrede möglich (§ 215 BGB)

Die regelmäßige Verjährungsfrist (Regelverjährung) beträgt drei Jahre (§ 195 BGB). Ansprüche aus Grundstücksgeschäften verjähren in zehn Jahren (§ 196 BGB). Bei Schadensersatzansprüchen gibt es ein kompliziertes Verjährungsregime, das teilweise auf die Entstehung des Anspruchs, teilweise auf die Kenntnis des Geschädigten abstellt (§ 199 II – IV BGB). Einzelheiten gehören hier ins Schadensersatzrecht.

Die Regelverjährung hat ihren Verjährungsbeginn zum Schluss des Jahres (31. Dezember), in dem der Anspruch entstanden ist und der Gläubiger die Tatsachen kennt, aus denen sich der Anspruch ergibt (§ 199 I Nr. 2 BGB). Ist beispielsweise ein Anspruch am 1. Juli 2021 entstanden, so beginnt seine Verjährung am 31. Dezember 2021. Von da an sind nach § 195 BGB drei Jahre zu rechnen, deren Berechnungsmethode sich nach

§§ 187, 188 BGB richtet. Nach § 187 I BGB (Fristbeginn) wird der 31. Dezember 2021 nicht mitgezählt, so dass die Frist vom 1. Januar 2022 bis zum 31. Dezember 2024 läuft. Am 31. Dezember 2024 um 24:00 Uhr (Ablauf des letzten Tages) ist das Fristende nach § 188 I, II BGB erreicht, die Forderung ist verjährt.

Da Rechtsstreitigkeiten häufig eine Dauer von vielen Jahren haben und während der Dauer eines solchen Streits der Rechtsfriede ohnehin nicht greifbar ist, ordnet das Gesetz an, dass die Verjährung im Fall einer Klage (§ 204 I Nr. 1 BGB), im Fall eines Mahnbescheids (Nr. 3) sowie in zahlreichen weiteren Fällen gehemmt ist. Die Hemmung bewirkt, dass der Zeitraum, während dessen die Verjährung gehemmt ist, bei der Berechnung der Verjährungsfrist nicht mitzählt (§ 209 BGB).

Eine Unterbrechung (Neubeginn) der Verjährung gibt es jedoch nur in ganz wenigen Fällen, so insbesondere, wenn der Schuldner die Forderung anerkennt (§ 212 I Nr. 1 BGB).

Wichtig ist, dass die Verjährung lediglich eine „Einrede" begründet. Denn nach dem Eintritt der Verjährung ist der Schuldner berechtigt, die Leistung zu verweigern (§ 214 I BGB). Leistet er auf eine verjährte Forderung, weil er die Verjährung nicht erkannt hat, so kann er nichts zurückfordern (§ 214 II S. 1 BGB). Trotz der Verjährung hat er ja mit Rechtsgrund geleistet (kein Fall des § 812 I S. 1 BGB).

Eine Aufrechnung mit einem verjährten Anspruch (§ 387 BGB) ist nicht ausgeschlossen, wenn sich die beiden Ansprüche einmal aufrechenbar gegenüber standen (§ 215 BGB).

Dazu nun den Leitsatz 24:

Leitsatz 24

Verjährung

Verjährung ist das Recht, die **Erfüllung** eines Anspruchs zu **verweigern**.

Die **Regel-Verjährungsfrist** beträgt drei Jahre (§ 195 BGB). Der Verjährungsbeginn ist der 31. Dezember (§ 199 I Nr. 2 BGB). Fristbeginn ist dann der 1. Januar. Am 31. Dezember um 24:00 Uhr in drei Jahren ist die Forderung dann verjährt (Berechnungsmethode nach §§ 187, 188 BGB). Es existieren jedoch sehr viele **weiterer** spezielle **Verjährungsfristen** (z.B. § 196 ff. BGB).

Hemmung: ein Zeitraum wird nicht mitgerechnet (§ 209 BGB; z.B. nach Mahnbescheid)

Unterbrechung: die Verjährung beginnt neu (§ 212 BGB; z.B. nach Anerkennung; selten)

Begründet nur eine **Einrede**, welche erhoben werden muss (unter Kaufleuten verpönt) (§ 214 BGB). Eine **Aufrechnung** ist z.T. trotz Einrede möglich (§ 215 BGB).

Das **trotz** Verjährung geleistete kann **nicht** zurückgefordert werden (§ 214 II BGB).

Die Probleme der Verjährung illustriert die nun folgende Lösung zu Fall 61:

Problematisch ist im vorliegenden Fall die Wirksamkeit der von Architekten Bruch erklärten Aufrechnung. Nach § 387 BGB ist für eine Aufrechnung erforderlich, dass zwei Personen einander gleichartige Leistungen schulden. Sowohl die abgetretene Zahlungsforderung aus Kaufvertrag (§§ 433 II, 398 BGB) als auch die Schadensersatzforderung (§§ 634 ff. BGB) richten sich auf eine Geldzahlung, sind also gleichartig. Außerdem ist erforderlich, dass beide Ansprüche fällig und nicht einredebehaftet sind. Das ist hier problematisch, weil der Kaufvertrag schon so lange zurückliegt. Im Neuen Jahr ist die Kaufpreisforderung schon älter als 3 Jahre. Damit ist sie nach § 195 BGB verjährt. Zwar wird die Verjährung durch Klageerhebung gehemmt (§ 204 I Nr. 1 BGB), die Hemmung durch Klageerhebung konnte hier aber nicht mehr greifen, da die Forderung bereits am 31. Dezember des abgelaufenen Jahres verjährt war. Insoweit fragt sich, ob die durch Rechtsanwalt Piste vorgenommene Mahnung hieran etwas geändert hat. Nach § 204 I Nr. 3 BGB hat jedoch nur der gerichtliche Mahnbescheid hemmende Wirkung, nicht aber eine private Mahnung. Die anwaltliche Mahnung hatte daher die Verjährung nicht aufhalten können.

Fraglich ist noch, ob trotz des Wortlauts des § 387 BGB auch derjenige „die ihm gebührende Leistung fordern [...] kann", der wegen der Verjährung keine Leistung mehr fordern kann, noch die Aufrechnung mit einer unverjährten Gegenforderung erklären kann. Diese Frage beantwortet das Gesetz in § 215 BGB. Danach kann eine verjährte Forderung mit einer unverjährten Forderung aufgerechnet werden, wenn beide Forderungen sich einmal aufrechenbar gegenüber standen, als die verjährte Forderung noch nicht verjährt war. Demnach ist die Aufrechnung hier wirksam.

Zugleich zeigt sich der Unterschied zwischen einem schlechten und einem guten Juristen: Rechtsanwalt Piste hat die Verjährung nach § 195 BGB zugunsten seines Skiurlaubs verschlafen. Der aufgeweckte Dr. Wach hingegen hat die verjährte Forderung dadurch gerettet, dass er sie jemandem abgetreten hat, der selbst Schuldner des Schuldners ist. Dadurch konnte Architekt Bruch die abgetretene Kaufpreisforderung (die als verjährt eigentlich wertlos war) noch einmal zu Geld machen: Bruch muss nämlich auf die Schadensersatzforderung nichts mehr bezahlen, da diese ja durch Aufrechnung erloschen ist (§ 389 BGB). Mit seinem Deal hat Dr. Wach die Gabe des Königs Midas bewiesen und „aus Dreck Geld gemacht".

Fristen

Fall 62

Özcan befindet sich mit einer Mitarbeiterin auf einer Fachmesse, die von Freitag, dem 3., bis Sonntag, dem 5., dauert. Am letzten Tag der Messe geraten sich die beiden so in die Haare, dass Özcan ihr eine schriftliche Kündigung überreicht (§§ 622, 623 BGB). Am Montag, den 27., reicht die Mitarbeiterin beim zuständigen Arbeitsgericht Kündigungsschutzklage ein. Özcan hält die Kündigungsschutzklage für verspätet, da § 4 S. 1 KSchG (Kündigungsschutzgesetz) eine Frist von drei Wochen vorsieht, die schließlich schon am Sonntag, dem 26., abgelaufen gewesen sei. Hat er Recht?

Fristen sind eine haarige Sache. Das zeigt die Lösung zu Fall 62:

Grundsätzlich ist für den Fristbeginn ein Ereignis maßgeblich, nämlich der Ausspruch der Kündigung. Nach § 187 I BGB wird bei der Berechnung einer Frist der Tag nicht mitgerechnet, in den das Ereignis fällt. Daher beginnt die Frist erst am Montag, dem 6., zu laufen. Nach § 188 II BGB endet eine nach Wochen bestimmte Frist mit dem Tag, der seiner Benennung nach dem Tag des Fristbeginns entspricht. Beginnt die Frist an einem Montag und dauert drei Wochen, so endet sie am Montag drei Wochen später. Eine am Montag, dem 27., erhobene Kündigungsschutzklage muss daher noch als rechtzeitig gelten. Davon abgesehen, würde die Frist selbst dann nicht am Sonntag ablaufen, wenn man Sonntag, den 5. als ersten Tag der Frist mitzählen würde. Denn nach § 193 BGB fällt das Fristende nie auf einen Samstag/Sonntag/Feiertag, sondern erst auf den nächsten Werktag, hier also auf Montag, den 27.

Leitsatz 25

Fristen

Fristen sind gesetzlich, vertraglich oder richterlich bestimmte Zeiträume, die für den **Eintritt** einer bestimmten Rechtswirkung gesetzt werden (§§ 186 ff. BGB).

Die **Berechnung** von Anfang und Ende einer Frist ist häufig etwas kompliziert.
Grundregel 1: Die Zählung geht regelmäßig erst am Tag nach dem Ereignis los.
Grundregel 2: Das Fristende liegt in der Regel nicht auf einem Samstag, Sonntag oder Feiertag, sondern ggf. am dann folgenden Tag.

Bei der Berechnung immer hundemäßig **aufpassen** und einen **Kalender** zu Rate ziehen. In der Prüfung notfalls selbst einen zeichnen.

Exkurs: Die schwierigsten Fristberechnungen - auch mit ein wenig BGB/AT - haben die Beamten der Gefängnisverwaltung (verschiedene z.T. krumme Zeiträume wg. U-Haftzeiten - große Tragik).

Bedingung und Befristung

Fall 63

Es ist ein Jubeljahr, in dem der erfolgreiche Gemüsespezialist Özcan seinen 50. Geburtstag und das 30-jährige Bestehen seines Gemüseunternehmens feiert. Nie haben die Kürbisse heller geleuchtet. Um die beiden Anlässe angemessen zu begehen, hat er sich etwas ganz Besonderes einfallen lassen. Er weiß von einem bekannten Rennen der Heißluftballone über den Bodensee, bei dem der See der Länge nach von West nach Ost in möglichst kurzer Zeit überquert werden muss. Nach Absprache mit der Rennleitung setzt er einen Sonderpreis aus. Gelingt es dem Sieger, einen neuen Seerekord aufzustellen, so ist Özcan mit 10.000 € dabei. Bald darauf steigen hunderte von Ballons in die Luft. Der Sieger, Norbert Nadel, der bei guten Winden einen neuen Seerekord aufgestellt hat, hat die Zweit-Platzierte, Lilo Loch, jedoch um Ballonlänge ausgestochen: Durch eine Ruptur in der Ballonhaut, die er dem Ballon kurz vor dem Start beigebracht hat, ist aus dem Ballon von Lilo Loch während des Rennens ständig Luft entwichen, so dass die klare Favoritin ihrem unfairen Gegenspieler letztlich unterlegen ist.

Der Regelfall eines Rechtsgeschäfts ist das unbedingte Rechtsgeschäft. Die Parteien wollen in diesem Fall, dass die Wirkungen des Rechtsgeschäfts auf jeden Fall eintreten. Es ist aber auch möglich, Rechtsgeschäfte unter einer Bedingung vorzunehmen. Eine Bedingung bewirkt, dass das Rechtsgeschäft nicht unbedingt gilt. Eine aufschiebende Bedingung bewirkt, dass das Rechtsgeschäft erst dann wirksam wird, wenn die Bedingung eintritt. Wird beispielsweise der Kaufvertrag über ein Turnierpferd unter der Bedingung geschlossen, dass dieses ein bestimmtes Derby gewinnt, so wird der Kaufvertrag nur dann wirksam, wenn das Pferd auch tatsächlich als Erstes über die Ziellinie geht. Umgekehrt ist es bei einer auflösenden Bedingung. Sie bewirkt, dass mit Eintritt der Bedingung die Wirksamkeit des Rechtsgeschäfts entfällt. Dies ist beispielsweise bei manchen Sicherungsverträgen der Fall. Hier steht die Pflicht zur Stellung einer bestimmten Sicherheit unter der auflösenden Bedingung, dass das zugrunde liegende Kreditgeschäft nicht endet. Ein Beispiel: Wer als Geschäftsmann von seiner Bank einen Betriebsmittelkredit möchte, wird nach Sicherheiten gefragt. Er kann beispielsweise seinen Maschinenpark „zur Sicherheit“ an die Bank übereignen. Ist der Kredit bezahlt, fällt der Maschinenpark an ihn zurück oder muss an ihn zurück übertragen werden. Endet das Geschäft, so besteht kein Interesse mehr an der Stellung von Sicherheiten. In diesem Fall soll auch die Verpflichtung zur Stellung von Sicherheiten wegfallen. Ob auch die Sicherheiten selbst mit dem Wegfall des Sicherungszwecks automatisch zurückfallen, ist eine Frage der jeweiligen Sicherheiten und im Recht der Kreditsicherheiten bzw. im Sachenrecht zu behandeln. Außer von einer Bedingung kann das

Rechtsgeschäft auch von einer Befristung abhängig gemacht werden. Bei der Bedingung ist unsicher, ob sie eintritt; bei der Befristung ist dies sicher. Beispielsweise kann ein befristetes Arbeitsverhältnis zum 30. Juni eines bestimmten Jahres auslaufen. Oder es kann ein Nutzungsrecht auf Lebenszeit eingeräumt sein. In diesem Fall ist der Tod nicht auflösende Bedingung (§ 158 II BGB), sondern auflösende Befristung (§ 163 Alt. 2 BGB), denn der Tod gilt trotz des medizinischen Fortschritts als sicherer Endtermin und nicht als ungewisses Ereignis in der Zukunft.

Aber zurück zu unserem Ballonwettbewerb und damit zur Lösung zu Fall 63:

Fraglich ist, ob der Ballonfahrer Norbert Nadel gegen den Preisstifter Özcan einen Anspruch auf Zahlung des Preisgeldes in Höhe von 10.000 € hat. Zunächst ist der Vertragstyp zu klären. Man könnte insoweit an eine Schenkung denken. Denn die Zuwendung an Norbert Nadel würde unentgeltlich erfolgen (§ 516 I BGB), da Özcan nichts dafür bekommt. Indes haben die streitbaren Ballonfahrer ja tatsächlich eine Leistung erbracht, wenn auch nicht für Özcan.

Dem trägt das Gesetz mit den §§ 657 ff. BGB (Auslobung) Rechnung. Danach ist bestimmt, dass, wer durch öffentliche Bekanntmachung eine Belohnung für die Vornahme einer Handlung aussetzt, die Belohnung auch tatsächlich demjenigen entrichten muss, der die Handlung vornimmt. Da Norbert Nadel einen neuen Seerekord aufgestellt hat, gebührt ihm an sich auch die Belohnung. Der Seerekord ist insoweit die aufschiebende Bedingung (§ 158 I BGB) für den Erwerb des Preisgeldes.

Allerdings verbinden wir mit dem unredlich errungenen Sieg von Norbert Nadel ein ganz ungutes Gefühl. Dieses Gefühl wird vom Gesetzgeber geteilt. § 162 II BGB bestimmt, dass die treuwidrige Herbeiführung des Bedingungseintritts dazu führt, dass die Bedingung als nicht eingetreten gilt. Wer sich also einen Sieg erschleicht, der bekommt kein Preisgeld. Dies gilt auch für Preisgelder, die nicht unmittelbar zu dem Wettbewerb gehören, sondern – wie hier – zu einer gesonderten Auslobung. Zugleich kann hier ein Fall des § 162 I BGB vorliegen. Dort ist bestimmt, dass die treuwidrige Verhinderung des Bedingungseintritts dazu führt, dass die Bedingung als eingetreten gilt. Im Verhältnis zwischen 1. und 2. Platz eines Wettbewerbs und bei einem um Ballonbreite verhinderten Rekord muss dies dazu führen, dass der nicht aufgestellte Rekord von Lilo Loch als aufgestellt gilt. Es fragt sich nur, im Verhältnis zu wem.

Denn nach § 162 I BGB muss der Erfolg von dem verhindert worden sein, zu dessen Nachteil er gereichen würde. Bei einer Auslobung erleidet aber nur der Auslobende, nämlich Özcan, einen Nachteil, denn er muss die Belohnung zahlen (§ 657 BGB). Er ist aber nicht personengleich mit dem, der den Bedingungseintritt (den neuen Rekord von Lilo Loch) verhindert hat (§ 162 I BGB). Daher kann Lilo Loch keinen Anspruch gegen Özcan auf das Preisgeld geltend machen. Wohl aber kann sie von Norbert Nadel Schadensersatz fordern, was eine Frage des Schuldrechts ist. Özcan hat sich das Preisgeld gespart.

Die Begriffe „Bedingung" und „Befristung" werden noch einmal in der Übersicht 15 aufgedröselt.

Übersicht 15: Bedingung und Befristung

Unbedingt/bedingt/befristet

unbedingter Vertrag: sofort und ohne zeitliche Grenze gültig

bedingter/befristeter Vertrag
(**Bedingung**: unsicheres künftiges Ereignis);
Befristung: sicheres künftiges Ereignis

- **aufschiebende Bedingung/Befristung:** Vertrag tritt in Kraft, wenn die Bedingung/Befristung eintritt (Sieg des Rennpferdes als Bedingung für dessen Kauf)
- **auflösende Bedingung/Befristung**: Vertrag wird aufgelöst, wenn die Bedingung/Befristung eintritt (Mietvertrag auf fünf Jahre geschlossen)

Schon sind wir am Ende unseres Ausflugs durch die Welt der Fristen. Nun dazu noch ein weiterdenkender Leitsatz!

Leitsatz 26

Zeitfaktor

der Zeitfaktor spielt im Recht eine **große Rolle**, weil das Recht dynamisch ist:

- Ansprüche können durch Zeitablauf **erlöschen** (Verfristung) oder **einredebehaftet** sein (Verjährung).
- Rechtsfolgen können durch den Eintritt bestimmter Tatsachen ausgelöst (aufschiebende Bedingung) oder **beendet** (auflösende Bedingung) werden.
- Rechtshandlungen – beispielsweise eine Kündigung oder eine Klage gegen eine Kündigung – können zeitlichen Beschränkungen **unterworfen** sein (Fristen und Termine).

▶ **Überall** im Recht steckt der Zeitfaktor.

Die Berechnung der Fristen und Terminen richten sich in vielen Fällen nach den Regeln aus unserem **Allgemeinen Teil**.

Lektion 17: Vertragsauslegung und Rechtsausübung

Vertragsauslegung

Fall 64

Özcans Onkel Mehmed hat seinen letzten Atemzug getan. In seinem Testament hat er verfügt, dass er seinem Neffen Özcan die „Sieben Zwerge" vermachen will. Bei der Testamentseröffnung entbrennt ein heftiger Streit zwischen Mehmeds einzigem Sohn und seinem Cousin Özcan. Dies hat folgenden Hintergrund: Der alte Mehmed hatte auf seinem Fensterbrett sieben kleine Zinnzwerge stehen, die ihm eine Freundin geschenkt hatte. Nach Rückkehr von einem Aufenthalt zu Investitionen in Zürich erklärte Mehmed einmal im Familienkreise, die Schweizer Bankiers hätten ihn köstlich amüsiert, sie sähen alle aus wie seine sieben Zwerge. Mehmed hat bei einer Bank in Zürich ein kleines Vermögen an Diamanten in seinem Schließfach, was familienbekannt ist. Für diesen Schatz wird in der Familie seit jenem Tag immer die Bezeichnung „die sieben Zwerge" verwendet, so dass jeder weiß, was gemeint ist. Die geringwertigen Zinnzwerge sind darüber völlig in Vergessenheit geraten. Özcan fordert entrüstet die Diamanten im Wert von 300.000 €. Sein Cousin bietet hohnlachend nur die Zinnfiguren im Wert von 3 €. Wer hat Recht?

Die „Sieben Zwerge" können also nicht nur Schneewittchen Sorgen bereiten. Das zeigt die Lösung zu Fall 64:

Mit dem Eintritt des Todes von Mehmed ist dessen Rechtsfähigkeit (§ 1 BGB) beendet und sein Vermögen auf seinen Alleinerben übergegangen (§ 1922 I BGB – Universalsukzession). Gegen den Alleinerben kann Özcan einen Anspruch aus Vermächtnis (§§ 2147 ff. BGB) haben. Dazu ist erforderlich, dass Özcan Vermächtnisnehmer geworden ist. Sein Onkel Mehmed hat abweichend von der gesetzlichen Erbfolge durch gewillkürte Erbfolge (Testament, §§ 2064 ff. BGB) geregelt, dass Özcan von dem Erben „die sieben Zwerge" erhalten soll.

Was damit gemeint ist, ist eine Frage der Auslegung. Bei der Auslegung konkurrieren im BGB zwei Vorschriften. Für Verträge gilt § 157 BGB.

Danach sind Verträge so auszulegen, wie Treu und Glauben mit Rücksicht auf die Verkehrssitte es erfordern. Maßgeblich ist also ein objektiver Empfängerhorizont aus Sicht des Empfängers der jeweiligen Willenserklärung. Dies dient dem Schutz des Rechtsverkehrs. Für Testamente gilt hingegen § 133 BGB. Hier ist nur der wirkliche Wille zu erforschen, auch wenn ein objektiver Empfängerhorizont etwas ganz anderes annehmen würde. Denn beim Testament kommt dem Schutz des Rechtsverkehrs keine Bedeutung zu, sondern es soll der Erblasserwille 1:1 umgesetzt werden. Dieser hat nämlich nicht mehr die Möglichkeit, Willensmängel nach § 119 BGB zu korrigieren, da die Rechtsprechung eine Anfechtung des Testaments seitens des Erblassers durch ein spiritistisches Medium nicht anerkennt. Sein Wille muss daher bereits im Wege der Auslegung bestmöglich ermittelt und umgesetzt werden. Da kaum anzunehmen ist, dass der vermögende Mehmed um längst vergessene Zinnfiguren ein solches Aufheben gemacht hätte, ergibt die Auslegung, dass mit den „Sieben Zwergen“ die Diamanten und nicht die Zinnfiguren gemeint sind. Problematisch kann insofern jedoch sein, dass im Testament eben von „Sieben Zwergen“ und nicht von „Diamanten“ die Rede ist. Mit Rücksicht auf die ausgeschlossene Nachbesserung nach dem Ableben lässt es die Rechtsprechung jedoch ausreichen, dass der Erblasserwille eine Andeutung im Testament gefunden hat. Angesichts des in der Familie üblichen Sprachgebrauchs dürfte damit die erforderliche Form des (notariellen oder privatschriftlichen) Testaments gewahrt sein. Özcan kann von seinem Cousin die Diamanten verlangen. Wir freuen uns mit ihm.

Fall 65

Die von Özcan auf der Messe entlassene Mitarbeiterin (siehe Fall 62) hat sich in einem Vergleich vor dem Arbeitsgericht mit Özcan geeinigt. Es wurde zudem ein Abwicklungsvertrag geschlossen. In dem Abwicklungsvertrag ist davon die Rede, dass Özcan ihr ein „wohlwollendes Arbeitszeugnis“ zu erstellen habe. Özcan wählt in dem dann übersandten Arbeitszeugnis die Formulierung, die Mitarbeiterin habe „sich stets Mühe gegeben“. Er hält das für wohlwollend. Die Mitarbeiterin ist entsetzt und verlangt eine für sie günstigere Formulierung.

Nur oberflächlich mit dem Arbeitsrecht, in Wirklichkeit aber mit der Auslegung von Erklärungen beschäftigt sich die Lösung zu Fall 65:

Bei einem Abwicklungsvertrag handelt es sich um eine Vereinbarung, die ein durch Kündigung beendetes Arbeitsverhältnis voraussetzt, und die nun deren Folgen abschließend regelt. Anders die Aufhebungsvereinbarung, bei der ein noch bestehendes Arbeitsverhältnis durch die Vereinbarung erst beendet wird. Beide Vertragstypen regeln die Folgen der Tatsache, dass ein Arbeitsverhältnis beendet ist. Während bei Testamenten der wirkliche Wille maßgeblich ist (vgl. § 133 BGB und oben), muss bei Verträgen die Auslegung nach Treu und Glauben und nach der Verkehrssitte erfolgen (§ 157 BGB). Es kommt also nicht darauf an, was Özcan sich unter einem wohlwollenden Arbeitszeugnis vorgestellt hat, sondern was aus der Sicht eines objektiven Empfängerhorizontes als wohlwollend gilt und was nicht. In der Praxis des Personalmanagements ist die Behauptung, jemand habe „sich stets Mühe gegeben" eine verhüllende Bezeichnung dafür, dass trotz guten Willens erbärmliche Arbeitsleistungen vorgelegen haben. Da es insoweit nicht auf das Verständnis von Özcan, sondern auf das der Allgemeinheit ankommt, kann die Arbeitnehmerin Nachbesserung des Zeugnisses verlangen.

Rechtsausübung

Fall 66

An der Altersgrenze zum Ruhestand schließt sich Özcan einem Jagdverein an. Eines Tages begibt er sich mit seinem Jagdfreund von Felsenstein auf dessen weitläufigen Ländereien auf Fasanenjagd. Dort begegnet den beiden der üble Skinhead Skunk, der dort seine drei Pitbullhunde ohne Maulkorb spazieren führt, um sie gegen ihm missliebige Bevölkerungsgruppen abzurichten. Der erste Hund greift Özcan aber von sich aus ohne Anweisung vom Skin unvermittelt an. Dieser erschrickt, greift zur Waffe und erlegt den Hund mit einem Schuss. Skunk hetzt nun den zweiten Hund auf Özcan, der jedoch als geübter Schütze den zweiten Lauf abfeuert und auch den zweiten Pitbull in die ewigen Jagdgründe sendet. Nun ist die Büchse leer. Als der zornige Skunk seinen dritten Hund hetzt, reißt Özcan seinem Freund von Felsenstein dessen mit echtem Silber beschlagene, unermesslich teure Büchse aus der Hand, und erschlägt damit den Hund. Dabei wird die Büchse zerstört. Den flüchtenden Skinhead hält Özcan fest und schlägt ihn mit dem abgebrochenen Lauf des Gewehrs nieder, als dieser sich wehrt. Darf er das?

Zunächst einmal geht es hier darum, sich einen Überblick über die in Betracht kommenden Regeln zu verschaffen, die das erlauben, was normalerweise verboten ist (Erlaubnissätze oder Rechtfertigungsgründe).

Wer angegriffen wird, darf sich wehren (Lösung zu Fall 66):

Grundsätzlich ist es verboten, in die körperliche Integrität (Schläge mit dem Lauf) oder das Eigentum (die drei Hunde) oder ein sonstiges absolutes Recht eines anderen einzugreifen (§ 823 I BGB – Schadensersatzpflicht bei Rechtsgutsverletzung). Ein solches Verhalten kann jedoch ausnahmsweise erlaubt sein, wenn Rechtfertigungsgründe eingreifen. Diese finden sich nicht nur im Strafrecht, sondern auch in § 227 ff. BGB.

Danach ist eine durch Notwehr gebotene Handlung gerechtfertigt (§ 227 I BGB). Notwehr ist die Verteidigung, die erforderlich ist, um einen gegenwärtigen rechtswidrigen Angriff abzuwehren (Abs. II). Dabei muss es sich um einen menschlichen Angriff handeln. Bei dem Hetzen der Hunde 2 und 3 durch Skunk handelt es sich um menschliche Angriffe. Die Tötung dieser beiden Hunde ist aus Notwehr gerechtfertigt.

Anders liegen die Dinge bei dem ersten Angriff, der von dem Pitbull selbst ausgegangen ist, der nicht gehetzt wurde. Hier handelt es sich um einen Tierangriff. Notwehr wäre hier nicht zulässig. Zulässig ist aber ein Handeln im Defensivnotstand (§ 228 BGB), in dem Özcan auf das Tier einwirkt, um eine von dem Tier selbst drohende Gefahr abzuwenden.

Diese Vorschrift erlaubt Özcan aber nicht die Zerstörung des wertvollen Gewehrs. Denn von diesem geht keine Gefahr aus. Insoweit kann Özcan aber im Aggressivnotstand (§ 904 BGB) gehandelt haben. Während bei defensivem Handeln der angerichtete Schaden nur „nicht außer Verhältnis" zur Gefahr (§ 228 BGB) stehen darf, braucht es für ein aggressives Handeln mehr: Um auf fremde Rechtsgüter zuzugreifen, müsste der drohende Schaden „unverhältnismäßig groß" (§ 904 BGB) sein. Zwar ist das Gewehr äußerst wertvoll, Leben und Gesundheit von Özcan sind jedoch noch wertvoller. Daher darf er nach § 904 BGB im Aggressivnotstand aggressiv auf eine ihm nicht gehörende Sache zugreifen, um sich zu retten.

Und was ist mit seinem Vorgehen gegen Skunk selbst? Da er auf der Flucht war, durfte Özcan ihn als Selbsthilfe gem. § 229 BGB festhalten. Nach der Sachlage war wohl auch das Niederschlagen als Beseitigung des Widerstandes entsprechend erlaubt.

Aber wie sieht es nun finanziell mit dem teuren silberbeschlagenen Gewehr aus? Özcan ist nach § 904 S. 2 BGB seinem Freund von Felsenstein zum Schadensersatz verpflichtet. Dieser konnte ja nichts für den Angriff der Hunde. Allerdings hat Özcan gegenüber Skunk einen entsprechenden Regressanspruch. Dieser ergibt sich auch aus § 229 BGB (Selbsthilfe), da er sich gegen den flüchtenden Skunk durchsetzen durfte.

Leitsatz 27

Notrechte

Normalerweise hat man das Recht bei den Gerichten zu suchen. Sind die Gerichte zu weit weg, weil ein Recht vereitelt wäre, bis man zu einer Entscheidung (auch im vorläufigen Rechtsschutz) käme, darf man sich selbst helfen. Gegen gegenwärtige rechtswidrige Angriffe von Menschen hat man das Recht zur **Notwehr** (§ 227 I BGB). Gegen Tierangriffe und andere von Sachen ausgehende Gefahren hat man das Recht zum **Defensivnotstand** (§ 228 BGB). Auf nicht aggressive Sachen darf man zur Gefahrenabwehr im **Aggressivnotstand** (§ 904 BGB) zugreifen. Ansprüche gegen einen flüchtigen oder sich anderweitig seinen Verpflichtungen entziehenden Schuldner darf man durch erlaubte **Selbsthilfe** (§ 229 BGB) durchsetzen.

Eine Zusammenfassung der Notrechte gibt uns die Übersicht 16.

Übersicht 16: Notrechte – Notwehr, Notstand und Selbsthilfe

Notrecht	§§	Erklärung
▶ Notwehr	§ 227 I BGB	gegen rechtswidrige Angriffe von Menschen
▶ Defensivnotstand	§ 228 BGB	gegen gefährliche Sachen (und Tiere)
▶ Aggressivnotstand	§ 904 BGB	gegen harmlose, aber nützliche Sachen bei überwiegendem Interesse
▶ Selbsthilfe	§ 229 BGB	zur Durchsetzung von Ansprüchen ohne Staat

V. Methoden

Lektion 18: Rechtsanwendung und Rechtsfortbildung

Fall 67

Özcan hat eine Obstplantage. Daneben hat der Grundstücksnachbar Schummel ebenfalls eine Obstplantage. Während Özcan seinen Urlaub in Antalya verbringt, macht sich Schummel mit einem Bautrupp über das Grenzmäuerchen her und versetzt es zu seinen Gunsten. Als Özcan zurückkehrt, bemerkt er den Schwindel, und verlangt von Schummel, dass das Grenzmäuerchen wieder an Ort und Stelle gesetzt werden muss.

In den bisherigen Lektionen ging es um die Grundbegriffe des Allgemeinen Teils des BGB. Jetzt geht es darum, besser zu verstehen, was wir schon die ganze Zeit gemacht haben, nämlich Gesetze anzuwenden. In diesen Themenkreis führt die Lösung zu Fall 67 ein:

Ein entsprechender Anspruch auf Wiederherstellung des ursprünglichen Verlaufs des Grenzmäuerchens kann sich § 919 I BGB ergeben. Diese Vorschrift lautet wörtlich: „Der Eigentümer eines Grundstücks kann von dem Eigentümer eines Nachbargrundstücks verlangen, dass dieser zur Errichtung fester Grenzzeichen und, wenn ein Grenzzeichen verrückt oder unkenntlich geworden ist, zur Wiederherstellung mitwirkt." Nach dem seit Erlass des BGB unveränderten Gesetzeswortlaut ist der Grenzstein nicht „verrückt worden", sondern „verrückt geworden". So wird das sachenrechtliche Problem durch ein Redaktionsversehen des Gesetzgebers unversehens zu einem psychiatrischen Problem. Um es vorweg zu nehmen: Özcan hat gegen Schummel einen Anspruch auf Wiederherstellung der Grenze, die verrückt worden (nicht verrückt geworden) ist.

Die Fehlerhaftigkeit des BGB in sprachlicher Hinsicht, die durch die Umsetzung zahlreicher EU-Richtlinien von Jahr zu Jahr schlimmer wird, erschwert eine der wichtigsten Aufgaben des Juristen, die Auslegung. Nicht nur Willenserklärungen müssen nach §§ 133, 157 BGB ausgelegt werden, auch die „Willenserklärungen" des Gesetzgebers, die Gesetze, müssen ausgelegt werden.

Dies ist die Aufgabe der juristischen Methodenlehre, die bezweckt, das Gesetz (das immer abstrakt ist) auf den Sachverhalt (der immer konkret ist) anzuwenden. Vernünftige Auslegung des Gesetzes durch Gerichte, Rechtsanwälte und Studierende führt in aller Regel auch zu einem vernünftigen Ergebnis bei der Lösung. Unvernünftige Auslegung des Gesetzes birgt indessen die Gefahr, dass es den Betroffenen so geht wie dem Grenzstein in § 919 I BGB: Sie werden verrückt.

Fall 68

Zu der Zeit, als Öczans Bruder noch im Besitz der Generalvollmachtsurkunde war, trug sich folgende unschöne Begebenheit zu.

Der Bruder geht zu seiner Bank und schließt für seine offenen Kredite eine Bürgschaft des Özcan ab, wobei er sich durch die Generalvollmacht als Vertreter Özcans ausweist.

Geht das so einfach? Darf man sich gegen dessen mutmaßlichen Willen einen Bürgen besorgen? Das ist das offensichtliche Thema der Lösung zu Fall 68. Daneben geht es aber um die Frage, wie man schwierige Bestimmungen angemessen und verständig auslegt:

Zwischen der Bank und Özcan kann ein Bürgschaftsvertrag zustande gekommen sein, der Özcan verpflichten würde, für die Kreditverbindlichkeiten seines Bruders einzustehen (§ 765 I BGB – Bürgschaft). Insoweit kann Özcan durch seinen Bruder als Vertreter verpflichtet worden sein (§ 164 I S. 1 BGB). Gegen die Wirksamkeit des Bürgschaftsvertrages kann aber die Vorschrift des § 181 BGB (Insichgeschäft) stehen, mit der der Gesetzgeber Interessenkollisionen verhindern wollte. Die Vorschrift lautet wörtlich: „Ein Vertreter kann, soweit nicht ein anderes ihm gestattet ist, im Namen des Vertretenen mit sich im eigenen Namen oder als Vertreter eines Dritten ein Rechtsgeschäft nicht vornehmen, es sei denn, dass das Rechtsgeschäft ausschließlich in der Erfüllung einer Verbindlichkeit besteht." Ein solcher Fall der Interessenkollision scheint hier vorzuliegen. Denn der Bruder von Özcan steht irgendwie auf beiden Seiten des Rechtsgeschäfts. Einerseits gibt er für Özcan die Bürgschaft ab, andererseits kommt diese ihm selbst unmittelbar zugute. Bei der Auslegung von Gesetzen ist das „Irgendwie" aber nie genug. Es geht immer um das „Genau", also um die exakte Subsumption (Anwendung) des Gesetzes unter den angebotenen Sachverhalt.

Ausgangspunkt dafür und 1. Auslegungskriterium ist der „Wortlaut". Nach § 181 BGB liegt ein Insichgeschäft nur dann vor, wenn der Vertreter „mit sich" ein Rechtsgeschäft abschließt. Beim Bürgschaftsvertrag steht aber auf der einen Seite der Gläubiger (die Bank) und auf der anderen Seite Özcan (der Bürge). Der Bruder taucht nur als Vertreter auf und schließt deswegen kein Geschäft „mit sich" ab. § 181 BGB ist daher bei bestem Willen nicht anwendbar. Allenfalls kann die Bürgschaft nach § 138 I BGB sittenwidrig und daher nichtig sein, wenn die Bank die Vertreterstellung des Özcan in Kenntnis des Vollmachtsmissbrauchs ausnutzt.

Fall 69

Özcan hat für seine Immobilien eine Verwaltungsgesellschaft mbH, deren Geschäftsführer Markus Müde keine Lust mehr hat. Also kündigt Müde seinen eigenen Geschäftsführervertrag und geht nach Hause.

Oft reicht es aber nicht, den Wortlaut eines Paragraphen zu kennen, und dann zu meinen, dass man das Gesetz kennt. Das Gesetz ist nicht der einzelne Knoten, sondern das ganze Netz. Das zeigt die Lösung zu Fall 69:

Die Wirksamkeit der Kündigung kann an der schon bekannten Vorschrift des § 181 BGB scheitern. Der Wortlaut führt hier zu keinem eindeutigen Ergebnis, da nicht ganz klar ist, ob auch dann ein Rechtsgeschäft „mit sich" vorgenommen ist wenn es sich nicht um einen Vertrag handelt, den der Vertreter „mit sich" schließt, sondern um ein einseitiges Rechtsgeschäft, das der Vertreter „gegenüber sich" vornimmt.

Das 2. Auslegungskriterium ist die „gesetzliche Systematik". Die Vorschrift des § 181 BGB gilt nach der Überschrift des Titel 5 für „Vertretung und Vollmacht". Davon unterschieden ist der Titel 3 mit der Überschrift „Vertrag". Daraus folgt systematisch messerscharf, dass die Vorschriften des 5. Titels nicht nur für Verträge gelten, weil die ja im 3. Titel stehen. Also gilt § 181 BGB unbeschadet seines holprigen Wortlautes auch für die Kündigung des Markus Müde, bei der er auf der einen Seite als Vertreter des Kündigenden, auf der anderen Seite als Kündigungsempfänger steht. Die Kündigung ist unwirksam. Müde muss wieder zum Dienst erscheinen.

Fall 70

Als Müde wieder bei der Verwaltungsgesellschaft mbH zum Dienst erscheint, wechselt er aus der Kasse der GmbH Kleingeld für einen von ihm eingelegten 10-Euro-Schein, um sich Zigaretten zu kaufen. Sind die damit einhergehenden Übereignungen des Geldscheins an die GmbH und der Münzen an Müde (§ 929 I BGB) wirksam?

Oft kommt man bei dem Verständnis des Gesetzes mit Wortlaut und Systematik zu keinem endgültigen Ergebnis. Hat man mit einer Hausarbeit (oder Gesetzesanwendung im richtigen Leben!) zu tun, fragt man sich auch, wie eigentlich ein Gesetz zustande gekommen ist und was sich die Leute gedacht haben, die es gemacht haben (**Lösung zu Fall 70**):

Aus Sicht des Nicht-Juristen erscheint die Fallfrage geradezu absurd. Aus Sicht des Juristen kann die Wirksamkeit der **Übereignungen** an § 181 BGB (**Insichgeschäft**) scheitern. Denn Müde steht hier auf beiden Seiten des Rechtsgeschäfts und schließt „mit sich“ Verträge. Diese dienen nicht nur der „Erfüllung einer Verbindlichkeit“, denn auch bei dem Abschluss des Geldwechselvertrages steht Müde auf beiden Seiten des Rechtsgeschäfts, so dass die Problematik des § 181 BGB sich nur nach hinten verschiebt. Es ist vorgeschlagen worden, solche Bagatellfälle aus dem Anwendungsbereich des § 181 BGB herauszunehmen, um die seelische Gesundheit der Teilnehmer am Rechtsverkehr nicht durch juristische Spitzfindigkeiten zu gefährden. Der „Wortlaut“ der Vorschrift weist hier in eine andere Richtung. Das „System des Gesetzes“ gibt keine Richtung vor.

Das **3. Auslegungskriterium** ist die **Entstehungsgeschichte des Gesetzes**. Man spricht insoweit von der **„historischen Auslegung“**. Dabei ist festzustellen, dass bereits im Gesetzgebungsverfahren zu § 181 BGB den Gesetzesverfassern vorgeworfen wurde, nicht mehr recht bei Trost zu sein. Der Fall des Geldwechselns wurde dabei ausdrücklich aufgegriffen und diskutiert. Dennoch hat man sich aus Gründen der Rechtssicherheit dafür entschieden, auch für Bagatellfälle keine Ausnahme zuzulassen. Dieser Wille des historischen Reichsgesetzgebers ist grundsätzlich verbindlich, da der Bundesgesetzgeber auch bei späteren Reformen keinen Anlass gesehen hat, dies zu korrigieren. Müde ist daher nicht Eigentümer der Geldstücke geworden und darf sich von diesen auch keine Zigaretten kaufen.

Fall 71

Müde, der Geschäftsführer der Verwaltungsgesellschaft mbH, schickt der Verwaltungsgesellschaft mbH, die diesen Monat seine Bezüge noch nicht überwiesen hat, eine Zahlungsaufforderung. Liegt in dieser eine wirksame Mahnung?

Manchmal führen Wortlaut und Systematik und Geschichte zusammen nicht zum Ziel. Dann geht die Auslegung zur (frei schwebenden) Bestimmung von „Sinn und Zweck" des Gesetzes über (Lösung zu Fall 71):

In der Zahlungsaufforderung kann eine wirksame Mahnung liegen. Die Mahnung setzt den Schuldner in Verzug (§ 286 I S. 1 BGB, Näheres im Schuldrecht). Möglicherweise ist die Mahnung hier nach § 181 BGB (Insichgeschäft) unwirksam, da Müde auf beiden Seiten der Mahnung steht. Er ist Absender (als vergütungsberechtigter Geschäftsführer) und Empfänger (als vertretungsberechtigter Geschäftsführer).

Das Problem: § 181 BGB erfasst seinem Wortlaut nach aber nur Rechtsgeschäfte. Nun besteht zum einen Einigkeit darüber, dass eine Mahnung kein Rechtsgeschäft ist. Zum anderen ist die Mahnung ist auch keine Willenserklärung, so dass ihre Wirkungen auch dann einträten, wenn sie gar nicht beabsichtigt seien. Der Schuldner kommt so oder so in Verzug, auch wenn der Mahnende es gar nicht auf die Verzugsfolgen, z.B. auf Zinsen, angelegt hat. Die Mahnung ist nach h.M. eine sog. rechtsgeschäftsähnliche Handlung, welche also vom Wortlaut des § 181 BGB nicht erfasst ist. Was also ist zu tun?

Kommt man hier mit dem System des Gesetzes und seiner Entstehungsgeschichte nicht weiter, so kommt das 4. Auslegungskriterium zum Zug. Dieses ist die sog. „teleologische Auslegung", nämlich nach dem Sinn und Zweck des Gesetzes. Eigentlich sollte man meinen, der Sinn und Zweck des Gesetzes sei das Ergebnis der Auslegung und nicht ein Kriterium der Auslegung, die Methode ist jedoch gerade deshalb bei Gerichten außerordentlich beliebt, weil man wie ein Zauberkünstler aus dem Zylinder des Gesetzes herausholen kann, was man vorher als angeblichen „Sinn und Zweck" selbst hineingesteckt hat.

Im vorliegenden Fall ist der Gesetzeszweck des § 181 BGB die Vermeidung von Interessenkollisionen. Dieser Zweck besteht nicht nur bei Rechtsgeschäften, sondern auch bei geschäftsähnlichen Handlungen. Daher ist davon auszugehen, dass das Wort „Rechtsgeschäft" in § 181 BGB nicht technisch gemeint ist, sondern auch geschäftsähnliche Handlungen umfasst. Die Mahnung ist unwirksam.

Fall 72

Die junge Yagmur bewirbt sich bei der Özcan AG um eine Stelle als Verkäuferin. Auf die Frage nach der Schwangerschaft lügt sie. Als ihre Schwangerschaft herauskommt, will Özcan den Arbeitsvertrag wegen Täuschung anfechten. Geht das?

Wer meint, mit den Kriterien Wortlaut und Systematik und Geschichte und Sinn und Zweck sei das Geschäft der Auslegung schon erledigt, der irrt. Das beweist die Lösung zu Fall 72:

Der geschlossene Arbeitsvertrag (Dienstvertrag, § 611 BGB) kann nach § 123 I Alt. 1 BGB wegen Täuschung anfechtbar sein. Die Täuschung muss aber „arglistig" sein. Während es zur Zeit der Entwicklung der juristischen Methodenlehre im 19. Jahrhundert nur vier Auslegungskriterien gegeben hat, nämlich Wortlaut, System, Geschichte, und Sinn und Zweck, sind seither weitere hinzugekommen. Seit der Gründung der Bundesrepublik Deutschland am 23. Mai 1949 ist die Rechtsprechung an Gesetz und Recht gebunden (Art. 20 III GG – Rechtsstaatsprinzip) und insbesondere an die Grundrechte (Art. 1 III GG – Grundrechtsbindung). Die bereits an anderer Stelle erwähnte mittelbare Drittwirkung der Grundrechte führt dazu, dass die Grundrechte der Beteiligten auch im Privatrechtsverkehr und bei der Auslegung des BGB immer zu berücksichtigen sind. Das 5. Auslegungskriterium ist demnach die „verfassungskonforme Auslegung". Das Wort „arglistig" in § 123 I BGB (Täuschungsanfechtung) und das Wort „Vorspiegelung" in § 263 I 1 StGB (Betrug) sind daher im Lichte des Art. 3 II S. 1 GG zu interpretieren. Dieses Gleichheitsgebot bestimmt die rechtliche Gleichberechtigung von Männern und Frauen. Es verbietet damit die Diskriminierung wegen des Geschlechts. Verboten ist auch eine mittelbare Diskriminierung wegen des Geschlechts, also die Anwendung scheinbar neutraler Vorschriften in einer Art und Weise, die Frauen gegenüber Männern benachteiligen. Die Lüge auf die Frage nach der Schwangerschaft ist daher weder „arglistig" noch eine „Vorspiegelung", sondern erlaubt. Der Arbeitgeber kann den Vertrag von Yagmur weder anfechten noch das Arbeitsverhältnis kündigen.

Fall 73

Für die Entwicklung einer neuen Biomais-Plantage sammelt Özcan Risikokapital ein. Der Private Equity Fonds wird in der Rechtsform einer Limited englischen Rechts betrieben. In den Emissionsprospekt, der die künftigen Kapitalanleger über Chancen und Risiken der Beteiligung mit Wagniskapital an der Biomaisplantage unterrichten soll, haben sich böse Fehler eingeschlichen. Findige Anlegerschutzrechtsanwälte klagen daher gegen die Bio-Mais Private Limited Company. Behandelt das Gericht die Ltd. als Gesellschaft bürgerlichen Rechts (§§ 705 ff. BGB), so kann Özcan mit der Folge seines wirtschaftlichen Ruins persönlich haften. Behandelt das Gericht die Ltd. wie eine GmbH (§ 13 II GmbHG), so haftet den Anlegern nur die Ltd., so dass Özcan lediglich seine Einlage von GBP 1 verliert. Wie wird sich das Gericht entscheiden?

Auch mit der Zusatzzahl der verfassungskonformen Auslegung ist das Lotto der juristischen Methodenlehre noch nicht erschöpft. Hinzu kommt die Superzahl der europarechtskonformen Auslegung, wie in der Lösung zu Fall 73:

Das Gericht wird bei seiner Entscheidung noch ein weiteres, 6. Auslegungskriterium berücksichtigen, dass es seit dem 25. März 1957, nämlich seit der Gründung der Europäischen Gemeinschaft gibt. Alle nationalen Rechtsvorschriften sind europarechtskonform auszulegen. Dabei spielen die EG-Grundfreiheiten, welche im des Vertrag über die Arbeitsweise der Europäischen Union (AEUV) geregelt sind, eine besondere Rolle:

- die Arbeitnehmerfreizügigkeit (Art. 45 AEUV)
- das Niederlassungsrecht (Art. 49 AEUV)
- die Dienstleistungsfreiheit (Art. 56 AEUV)
- die Kapitalverkehrsfreiheit (Art. 63 AEUV)

Im vorliegenden Fall führen diese Regeln zu einem Ergebnis, das die schlimmsten Befürchtungen eines jeden Globalisierungsgegners bestätigt: Obwohl die Ltd. anders als die GmbH oder die AG nicht einmal ein Mindestkapital hat und daher vielleicht weniger wert ist, als das Papier, auf dem das „Memorandum of Association" gedruckt ist, ist die Haftungsbeschränkung des englischen Rechts für das deutsche Recht verbindlich, so dass Özcan und ggf. weitere vorhandene Gesellschafter der Ltd. gegenüber den geschädigten Kapitalanlegern bei einem Flop der Biomaisplantage nicht haften.

Fall 74

Geschäftsführer Müde hat dazugelernt: Als er das nächste Mal einen Vertrag mit sich selbst schließen möchte (§ 181 BGB), bestellt er einen Untervertreter. Auf der einen Seite wird er nun für sich selbst tätig, auf der anderen Seite wird der Untervertreter für ihn als Vertreter der GmbH tätig (**mehrstufige Vertretung**). Kann man ihm das durchgehen lassen?

Manchmal erschöpfen alle sechs geschilderten Auslegungskriterien das Gesetz nicht, oder das Gesetz ist erschöpft, aber es liegt auf der Hand, dass es nicht das Recht (nicht richtig) ist. Mit einer solchen Konstellation beschäftigt sich die **Lösung zu Fall 74**:

Es gibt durchaus Fälle – wie den vorliegenden – für die das Gesetz keine befriedigende Lösung bereithält. § 181 BGB verlangt nun einmal ein Geschäft „mit sich". Durch die Einschaltung eines Untervertreters als **Umgehungsgeschäft** hat Müde die Vorschrift scheinbar ausgehebelt. Um dennoch zu einer befriedigenden Lösung zu kommen, muss das Gericht den engen Pfad der Rechtsanwendung verlassen und sich auf den breiten Weg der Rechtsfortbildung begeben. Vorliegend besteht eine **Regelungslücke**, da der Gesetzgeber an den Trick mit dem Untervertreter nicht gedacht hat. Diese ist auch **planwidrig**, da der Gesetzgeber die Lücke geschlossen hätte, wenn er sie gesehen hätte. Also wird § 181 BGB durch den Richter als Ersatzgesetzgeber analog angewendet. Eine **Analogie** ist immer dann zulässig, wenn im Zivilrecht eine solche planwidrige Regelungslücke vorliegt. Diese muss der Richter schließen und dadurch den Plan des Gesetzgebers zu Ende führen. Das Insichgeschäft des Müde ist unwirksam.

Fall 75

Bei der wöchentlichen Brettspielrunde des Özcan ist diesmal auch Müde dabei. Auch die Verwaltungsgesellschaft mbH spielt mit, vertreten durch ihren zweiten Geschäftsführer, Dr. Wach, der seine Rechtsanwaltskanzlei geschlossen hat und nur noch Immobilien verwaltet, weil er da mehr verdient. Müde verliert eine Runde gegen die GmbH. Dr. Wach sagt ihm, er solle die Wettschulden einfach in die Barkasse der GmbH einlegen. Da er ja auch Geschäftsführer der GmbH sei, ginge das in Ordnung. Müde, der sich an die Geschichte mit den Zigaretten erinnert, glaubt nicht, dass die GmbH durch das Einlegen der Geldscheine in die am Morgen noch leere Barkasse Eigentümer werden kann. Wer hat Recht?

Bei der Analogie ging es darum, ein Gesetz über seinen Wortsinn hinaus nach seinem Sinn auszudehnen. Es gibt aber auch den umgekehrten Fall, dass ein Gesetz nach seinem Wortsinn passt, aber nicht nach seinem Sinn (Lösung zu Fall 75):

Die Übereignung des Spielgewinns (§ 929 BGB) kann nach § 181 BGB, unserer bewährten Beispielsvorschrift, unwirksam sein, da Müde einmal wieder auf beiden Seiten des Rechtsgeschäfts steht, und zwar als Spielschuldner und als Vertreter des Spielgläubigers. § 181 BGB bestimmt jedoch, dass ein Insichgeschäft zulässig ist, wenn es „ausschließlich in der Erfüllung einer Verbindlichkeit besteht". Für solche Geschäfte hatte der Gesetzgeber keine Angst vor einer Interessenkollision. Leider wird bei Spiel und Wette „eine Verbindlichkeit nicht begründet" (§ 762 I S. 1 BGB). Danach sieht es so aus, als könne Müde zwar auf Schulden bezahlen, die rechtlich bestehen, aber nicht auf Ehrenschulden, die rechtlich nicht bestehen. Ein absurdes Ergebnis!

Hier hilft die umgekehrte Zwillingsschwester der Analogie, die teleologische Reduktion weiter. Während bei einer Analogie das Gesetz über seinen Wortlaut hinaus (wie eine Ziehharmonika beim Auseinanderziehen) auf Fälle erstreckt wird, auf die das Gesetz vom Wortlaut her nicht passt, wohl aber vom Zweck, ist es bei der teleologischen Reduktion genau umgekehrt: Hier wird das Gesetz innerhalb seines Wortlauts (wie eine Ziehharmonika beim Zusammenstauchen) nicht auf Fälle angewendet, auf die das Gesetz vom Wortlaut her passt, aber nicht vom Zweck. Im vorliegenden Fall ist § 181 BGB von seinem Wortlaut her zwingend anzuwenden, aber nicht von seinem Zweck her. Der Anwendungsbereich des Gesetzes wird demnach durch teleologische Reduktion verkleinert. Müde kann das Geld (den Spielgewinn der GmbH) in die Barkasse der GmbH einlegen, und diese wird Eigentümer an den Scheinen.

Prüfschema 10: Auslegung und Fortbildung des Rechts

Schritt 1: Rechtsanwendung

Die Auslegung von Gesetzestexten erfolgt nach **sechs Auslegungskriterien**

a) **nach der juristischen Methodenlehre des** 19. Jahrhunderts

- Wortlaut = nach seinem Text
- Systematik = nach seinem Zusammenhang
- Teleologie = nach seinem Sinn und Zweck
- Historisch = nach seiner Geschichte

b) zudem nach **Gründung** der **Bundesrepublik Deutschland** (23. Mai 1949) und der **Europäischen Gemeinschaft** (25. März 1957)

- Verfassungskonform = nach seiner grundrechtlichen Bedeutung
- Europarechtskonform = nach seiner europarechtlichen Bedeutung

Schritt 2: Rechtsfortbildung

Die Fortbildung des Rechts erfolgt nach zwei Methoden

- **Analogie** = Bei einer planwidrigen Regelungslücke im Zivilrecht den Gesetzestext auf Fälle erstrecken, auf die das Gesetz vom Wortlaut her nicht passt, wohl aber vom Zweck
- **teleologische Reduktion = Nichtanwendung auf Fälle** auf die das Gesetz vom Wortlaut her passt, aber nicht vom Zweck

***

Wir sind am Ende des Ausflugs mit unserem Freund Özcan. Was können wir feststellen?

Der Allgemeine Teil des BGB ist ein interessantes und spannendes Sammelsurium verschiedener Mosaikstücke unseres Rechts. Die erfolgreiche Erkundung führt – schon wegen der umfassenden Verzahnung – weit in andere Bücher des BGB und weitere wichtige Rechtsgebiete. Diese belebenden Einblicke wecken Vorfreude auf mehr.

A

B

D

E

F

G

H

I

Jura – *leicht gemacht* ®

Das Juristische Basiswissen

von Richter am Amtsgericht Dr. Peter-Helge Hauptmann

Eine Einführung in die Welt des Rechts in bewährt fallorientierter Weise mit Leitsätzen und Übersichten:

- Gesetzgebung und Gesetze
- Rechtsprechung, Literatur und Lehre
- Zivil-, Straf- und Öffentliches Recht
- lateinisches Minilexikon, kleine Rechtsgeschichte
- Arbeitstechnik, Rechtssprache, Gesetzesanwendung

Das Lehrbuch besticht durch verständliche Sprache, umfassende Themenwahl und große Übersichtlichkeit. Das Starterbuch für Studierende. Der entscheidende Wissensvorsprung.

Klausuren schreiben – *leicht gemacht* ®

Aufbau und Form der juristischen Klausur

von Rechtsanwalt und Syndikus Dr. Jörn Bringewat

Der Leitfaden für das erfolgreiche Bestreiten juristischer Klausuren:

- Einsteigertipps und Klausurstrategie
- Fallbearbeitung und Gutachtentechnik
- Subsumtion und rechtsspezifische Hinweise
- Zivil-, Straf-, Verfassungs- und Verwaltungsrecht
- Prüfschemata, Übersichten und Fallbeispiele

Mit seiner hoher Anwendernähe der ideale und einsteigerfreundliche Begleiter für jedes Studium mit juristischem Anteil.

Das Plus: Prüfschemata und Lösungshinweise.